La Petite Église

OU LE

SCHISME ANTICONCORDATAIRE

EN ROUERGUE

1

LE CHANOINE SERVIÈRES

La Petite Eglise ou le SCHISME ANTICONCORDATAIRE EN ROUERGUE

RODEZ

E. CARRÈRE, ÉDITEUR

La Petite Église

OU LE

SCHISME ANTICONCORDATAIRE

EN ROUERGUE

Notions générales sur le schisme.

Pour bien comprendre les causes et pour bien suivre les péripéties du schisme de la Petite Eglise, il est nécessaire de rappeler, en quelques traits rapides, les événements qui l'ont précédé : nous remonterons ainsi à l'origine des passions religieuses qui agitèrent la France au début du XIXe siècle (1).

---

(1) Le P. Drochon, dans son livre : *La Petite Eglise*, 1894, fait l'histoire complète du schisme, pour la France entière. Il a reproduit à l'article *Diocèse de Rodez*, le récit abrégé que nous lui avions communiqué. Ce récit nous le reprenons pour le compléter

L'an 1790, l'Assemblée nationale vota la Constitution civile du clergé ; c'était l'Eglise nationale, le schisme et le renversement de toute autorité. Condamné par Pie VI, le serment à cette prétendue Constitution fut rejeté par tous les évêques, à l'exception de quatre, et par l'immense majorité du clergé secondaire. Les autres formèrent le camp des Constitutionnels, sorte d'Eglise qui réunissait quelques anciens jansénistes et des prêtres que l'ambition ou la crainte jeta d'abord dans le schisme et successivement dans tous les excès. Deux cultes étaient donc en présence : le culte officiel et national, celui des *jureurs*, *assermentés* ou *intrus*, qui n'avait guère d'autres adeptes que les impies et les acquéreurs de biens nationaux ; et le culte catholique, devenu clandestin et pratiqué par les prêtres fidèles, partout poursuivis et emprisonnés comme des malfaiteurs. Ces derniers, appelés *insermentés*, obéissaient, dans le Rouergue, à l'évêque Seignelay Colbert, retiré en An-

considérablement ; et à notre tour nous avons emprunté au P. Drochon certains renseignements, particulièrement pour l'histoire générale du schisme.

gleterre. Ils gardèrent la confiance des populations et furent bientôt exilés, déportés ou martyrs. Les premiers, qui avaient à leur tête, dans le Rouergue, Claude Debertier, évêque constitutionnel de Rodez, ne tardèrent pas à tomber dans un discrédit universel.

Plus brutale encore, la Convention, en 1794, abolit tous les cultes, et l'on vit prêtres intrus ou fidèles traités avec la même rigueur et envoyés à l'échafaud, s'ils refusaient d'apostasier. L'époque du Directoire, qui fut un temps d'accalmie relative, vit rentrer de l'exil les prêtres fidèles ou intrus qui avaient échappé à la mort. Sous le Consulat, le serment à la Constitution civile du clergé ne fut plus exigé, mais remplacé par une *Promesse* de soumission aux lois. Cette *Promesse*, faite par les uns et refusée par les autres, devint un nouveau sujet de division : la confusion ne fit que s'accroître. Ce ne furent que conflits incessants et violents entre ces deux clergés, si divers d'origine, de tendances, de mœurs et de conduite.

Le premier Consul, Bonaparte, sentant, d'un côté, que la religion seule pouvait ramener la paix en France, effrayé, de l'autre, du chaos qui régnait dans le clergé constitutionnel et du trouble qui avait envahi les consciences, tourna ses yeux vers Rome, le phare et le centre de l'unité. Dès l'an 1800, il s'ouvrit de son projet au nouveau Pape Pie VII. Jamais entreprise n'a été traversée de tant d'obstacles que celle du Concordat, soit dans sa préparation soit dans sa conclusion. Bonaparte était circonvenu de tous côtés par les pires conseillers. Il ne fléchit point dans son propos, mais, dominé par l'idée de faire du Pape un instrument de sa politique, il ne cessa de créer des entraves par ses exigences. Son ministre Portalis, gallican des plus retors, secondait ou même outrait ses intentions ; Talleyrand de son côté semait les obstacles et la division. Enfin, grâce à la prudence de l'abbé Bernier et surtout à l'habileté du cardinal Consalvi, surnommé la *sirène* de Rome, le Concordat fut signé, en 1801, par le premier Consul et par le Pape. Mais il ne fut approuvé que l'année suivante par le Corps législatif, et Portalis fit adopter en même temps une série d'*articles organiques* qui plaçaient le clergé et le culte sous la dépendance absolue du gouvernement et de ses agents. Le Pape ne manqua pas de réclamer énergiquement contre ces additions subreptices dont il n'avait pas été question dans les négociations du Concordat.

Les deux difficultés principales que le Concordat avait eu à résoudre étaient : la sanction à donner à la vente des biens nationaux et le remaniement des anciens sièges épiscopaux. La première fut résolue par l'établissement du budget des cultes, qui ne fut cependant qu'une minime compensation des biens enlevés à l'Eglise.

La seconde était bien plus grosse. La France ayant été divisée en départements, et les territoires des anciennes provinces et des villes épiscopales ayant été profondément modifiés, on ne pouvait songer à rétablir les anciens diocèses ; il fallait créer une nouvelle division. Mais comme bon nombre des évêques des anciens diocèses, quatre-vingt-un, étaient encore en vie, il devint nécessaire d'exiger leur démission. Quelle nécessité cruelle de demander l'abandon de leurs sièges à ces nobles confesseurs de la foi qui, en Angleterre, en Espagne, en Italie et jusqu'en Amérique, souffraient depuis dix ans toutes les tristesses de l'exil et de la misère !

L'histoire de l'Eglise n'offre peut-être pas d'acte plus étonnant, plus extraordinaire, de ce pouvoir spirituel illimité dont Jésus-Christ a investi le souverain Pontife, par ces paroles : *pasce agnos, pasce oves,* pais mes agneaux, pais mes brebis. Mais le bien général l'exigeait impérieusement et le souverain Pontife avait le droit de dépouiller de leurs sièges ceux qui refuseraient leur démission : pouvoir absolument certain et reconnu des catholiques, dans tous les temps et dans tous les pays, pouvoir proclamé d'une manière précise et solennelle par un canon du concile du Vatican, dans le chapitre III de la célèbre Constitution *de Ecclesia Christi*. « Si quelqu'un, dit-il, prétend que le Pontife romain n'a pas le pouvoir plein et suprême, ordinaire et immédiat, non seulement dans les choses concernant la foi ou les mœurs, mais encore dans celles qui appartiennent à la discipline et au gouvernement, sur chacune des églises, sur les pasteurs et les fidèles, qu'il soit anathème. »

Le 15 août 1801, le Pape adressa aux évêques français des Lettres apostoliques pour les supplier de se démettre de leurs sièges ; il alléguait *la nécessité des temps et le plus grand bien de la religion.* En même temps, par un Bref adressé aux pseudo-évêques constitutionnels, il demandait à ceux-ci, non leur démission mais leur soumission, puisque l'Eglise ne les avait jamais reconnus. Les cinquante-neuf évêques constitutionnels encore existants, et parmi eux Debertier de Rodez, démissionnèrent sans hésiter entre les mains du premier Consul. La résistance leur était impossible : créatures du pouvoir civil, ils étaient à sa merci, ils n'avaient garde de faire opposition. La volonté du Pape ne rencontra pas la même obéissance parmi les pasteurs qui jusque-là avaient été l'honneur de l'Eglise. Sur quatre-vingt-un, il s'en trouva trente-six, parmi lesquels Seignelay Colbert de Rodez, qui se consultèrent et prirent un délai avant d'opposer un refus formel au souverain Pontife. Ils n'avaient pas d'abord la pensée de faire schisme avec Rome ; ils se refusaient aux instances du Pape, non d'une manière absolue, mais seulement dilatoire.

Ce qui le prouve, c'est que dès le commencement de 1802, ils adressèrent, d'un commun accord, dans leurs anciens diocèses, une instruction d'après laquelle ils déclaraient consentir *provisoirement* à l'exercice des pouvoirs des titulaires présentés par le Pape ; mais, ajoutaient-ils, « c'est pour remédier à l'insuffisance du titre, et cela sans déroger en rien à notre juridiction que nous conservons pleine et entière ». Cette dernière phrase toutefois fait prévoir que le schisme ne tardera pas à être consommé. En effet ils adressèrent au Pape, au mois d'avril 1803, un Mémoire collectif, signé de tous et contenant les motifs de leur résistance. A la suite de cet acte, les évêques réfugiés à Londres, et parmi eux Colbert de Rodez, envoyèrent à leurs grands vicaires une *Signification officielle* de n'avoir plus à communiquer avec les Concordataires, auxquels tous pouvoirs étaient retirés. C'était le schisme déclaré.

Brisant ces résistances, Pie VII anéantit toutes les églises épiscopales de France, en interdisant aux anciens évêques tout exercice de juridiction, et créa à leur place soixante siéges nouveaux, partagés en dix métropoles et délimités de manière à comprendre un ou plusieurs départements.

Comment expliquer cette révolte de trente-six évêques français qui jusque-là n'avaient mérité que des louanges ? D'abord les erreurs gallicanes, dont les esprits en France avaient été profondément imbus depuis plusieurs siècles, avaient obscurci chez un grand nombre la vraie doctrine sur les pouvoirs dont Jésus-Christ a investi le souverain Pontife. Aussi l'on peut excuser leurs errements par une certaine bonne foi, surtout dans les débuts. Ces évêques se persuadaient que le Pape avait outrepassé ses droits, qu'il ne pouvait les déposer sans qu'ils l'eussent mérité par quelque indignité canonique, et que le motif du bien général n'était pas suffisant ni d'ailleurs bien établi. Ensuite presque tous les évêques appartenaient à la plus haute noblesse, et plus d'une fois c'était plutôt au nom qu'à la science ou à la vertu qu'ils devaient leur élévation. Ils avaient du caractère, parfois même un grand caractère, ce qui est beaucoup ; mais pas toujours autant de doctrine. Du reste la plupart d'entre eux reconnurent plus tard leur erreur.

L'évêque de Rodez.

Les observations qui précèdent s'appliquent sans réserve à l'évêque de Rodez, Seignelay Colbert de Castlehill. Issu d'une famille écossaise, dont plusieurs membres étaient établis en France depuis le commencement du XVIIIe siècle, il était vicaire-général de Toulouse lorsqu'il fut nommé à l'évêché de Rodez, en 1781. Durant son épiscopat, il se distingua par son activité administrative et par son zèle pour la régularité de son clergé. Il cultiva avec succès les lettres et les sciences et se montra le bienveillant et ardent protecteur des savants : tel est le témoignage que lui rend le grand historien du Rouergue, le chanoine Bosc, son contemporain et ami. Malheureusement sa science théologique et canonique n'était pas à la hauteur de ses autres connaissances et elle était viciée par les principes gallicans : les événements ne le prouvèrent que trop. Aussi il se trouva pris au dépourvu quand il fallut prendre parti dans les importantes questions soulevées à cette époque de crise. Nous avons mentionné, dans l'*Histoire de l'église du Rouergue*, les témoignages oraux d'après lesquels ce prélat, égaré par son secrétaire et, dans un premier moment de surprise, ne se rendant pas compte de la portée de sa démarche, aurait consenti à prêter serment à la Constitution civile du clergé. Il n'aurait été arrêté que par l'intervention du vénérable abbé Malrieu, son collègue à l'Assemblée, qui l'aurait éclairé et ramené au droit chemin. Ces mêmes témoignages ajoutaient que Colbert était parti aussitôt pour l'Angleterre. Or l'on vient de trouver des lettres de cet évêque, datées de Paris, des mois de février et de mars de l'an 1791, et semblant prouver ainsi qu'il n'était pas encore parti pour Londres. Il est vrai que Colbert, anglais de naissance, avait pu partir pour son pays dès la fin de décembre, date du vote de la Constitution civile, et être revenu au mois de février, date de la première de ses lettres. La tradition serait-elle fautive sur ce point de détail, il n'est pas pour cela démontré qu'elle soit fausse sur le fait essentiel. Et la belle lettre qu'il écrivit aux membres du Directoire de Rodez, en réponse à l'invitation qu'il avait reçue d'eux de venir prêter le serment civique, ne prouve pas non plus que la tradition, comme on l'a prétendu, l'ait calomnié ni que son esprit n'ait eu un moment d'erreur.

Cette lettre, datée du 15 février, est pleine de dignité et de calme énergie dans la résistance. Remarquable par sa chaleur et son style, elle justifie le choix de Louis XVIII qui attira auprès de lui l'évêque, à Londres, et lui confia les fonctions de secrétaire. Mais, en la lisant attentivement, on y remarque déjà des propositions dont le sens, non suffisamment défini d'abord, fut plus tard déterminé en faveur de l'erreur et du schisme.

« La mission, dit-il, que nous avons reçue, mes coopérateurs et moi, vient de

Dieu, et il n'est pas donné aux hommes de nous l'ôter et d'en disposer à leur volonté. »

C'était très bien pensé et très bien dit, dans la circonstance; voilà un grand acte épiscopal. Malheureusement cette belle maxime, entendue dans un sens trop absolu, devint, dix ans plus tard, le grand argument de résistance des évêques qui refusèrent leur soumission au pape.

Reprenons la phrase et précisons.

La mission (de juridiction) que nous avons reçue vient de Dieu (par l'intermédiaire du pape) et il n'est pas donné aux hommes (sauf au seul souverain Pontife) de nous l'ôter et d'en disposer à leur volonté.

« La juridiction vient de Jésus-Christ », dit-il encore. Pour complète exactitude, il aurait dû ajouter : Par l'intermédiaire du pape.

L'omission de ces points précis de doctrine ne semblait pas malheureusement provenir d'un simple sous-entendu ayant pour but de donner à la phrase plus de rondeur et de majesté : on le vit bien, plus tard. Elle avait, on peut le soupçonner, son inspiration dans les doctrines gallicanes outrées jusqu'au schisme.

Du reste sa chute dans le schisme démontra d'une manière éclatante que si son cœur était droit, son esprit était fortement égaré. Ce qui achève de montrer son ignorance dans les simples éléments du droit canon, ce sont les deux lettres qu'il écrivit de Londres, le 4 mai et le 30 juillet 1806, pour donner des pouvoirs aux prêtres déportés « dans quelque partie du monde que ce soit » (1). Ce que le panégyriste de cette mesure justifie ainsi : « à raison de l'universalité de sa juridiction épiscopale », et ce qui en faisait un pape au petit pied. Et supposé que Colbert eût agi en vertu de la juridiction qu'il croyait faussement avoir conservée sur le diocèse de Rodez, cependant il ne pouvait se persuader d'avoir une juridiction quelconque sur les prêtres résidant à Londres, où le Saint-Siège entretenait un vicaire apostolique nommé Poynter. Tant d'aberrations dans un prélat, jusque-là pieux et zélé, accusent un esprit à la fois mal équilibré et mal éclairé.

(1) P. Drochon, *La Petite Eglise*, p. 166-167 et 207.

Les Prêtres.

Cette division des évêques de France sur la question de l'obéissance au Saint-Siège, relativement au Concordat, ne pouvait manquer d'entraîner dans le même partage le clergé de second ordre et les fidèles de divers diocèses. Le schisme venu de haut ne pouvait que se répandre en bas. Au schisme constitutionnel succéda le schisme anti-concordataire, mais avec une différence douloureuse à constater. Les Constitutionnels de 1791 avaient recruté, comme nous l'avons vu, leurs adeptes parmi tout ce que les paroisses comptaient de moins recommandable. La Petite Eglise, au contraire, réunit, sinon les plus instruits, du moins très souvent les plus pieux et les plus ardents parmi les prêtres et les fidèles des diocèses. L'excuse de la bonne foi, que nous avons accordée, du moins pour les débuts, aux évêques en révolte contre le Saint-Siège, nous la devons avec plus de justice encore aux prêtres égarés par leurs évêques, et bien plus largement aux fidèles, confiants en leurs pasteurs et n'ayant pas la mission de garder la science.

Le clergé secondaire se divisa donc en deux parts, ou plutôt en deux camps : le premier, de beaucoup plus nombreux, fut celui des fidèles au Pape, des catholiques ; le second, plus ou moins important dans les divers diocèses, selon que l'évêque était révolté ou soumis, devint celui des schismatiques. Les foyers principaux du schisme naissant furent le Poitou, où il atteignit une intensité exceptionnelle, le Maine, l'Anjou, quelques diocèses de Bretagne, de Touraine et de Normandie, le Rouergue et le Dauphiné et les villes de Lyon et de Paris. Dans certaines contrées, la lutte devint ardente et passionnée, comme il arrive toujours quand les passions religieuses sont déchaînées. Le souvenir des persécutions récentes ne faisait qu'enflammer son ardeur.

Nous bornerons nos récits, incomplets d'ailleurs, faute de documents, à l'histoire du schisme dans le Rouergue.

Invasion du schisme dans le Rouergue.

Les partisans de la Petite Eglise reçurent dans le Rouergue le nom d'*Enfarinés*. Voici l'origine de cette appellation singulière. Vers la fin du XVIIIe siècle, et encore aujourd'hui en Bretagne, l'usage était de porter les cheveux longs. Les hommes les relevaient en tresses derrière la tête, et ces tresses se cachaient dans une sorte de filet appelé *catogan*. Le plus souvent, en Rouergue du moins, les hommes du peuple se bornaient à ramasser en queue leurs longs cheveux, en les liant au moyen d'un ruban de velours noir ; la queue pendait ainsi jusqu'au milieu des épaules. Quand cet usage tendit à disparaître, les prêtres de la Petite Eglise, qui se piquaient de conserserver les vieilles traditions, le rendirent obligatoire pour leurs adhérents. Lorsque ceux-ci devaient s'approcher de la sainte Table, ils dénouaient leurs cheveux, qui alors pendaient, épars. Or ces cheveux, selon la mode du temps, étaient poudrés tous les jours, soit avec de la poudre de riz, soit simplement avec de la farine. Et comme bientôt les sectateurs de la Petite Eglise furent les seuls à poudrer leur tête, le peuple ne les désigna plus que sous le nom d'*Enfarinés*. Dans la région de Villefranche ou dans la vallée du Lot, on les surnommait ordinairement les *Illuminés*.

Nous avons vu que l'évêque de Rodez, Seignelay Colbert de Castlehill, s'était rangé parmi les évêques schismatiques. Le Concordat avait supprimé les anciens diocèses de Rodez et de Vabres. Leur territoire, formant le département de l'Aveyron, fut réuni pour le spirituel au diocèse de Cahors, qui comprit ainsi le Quercy et le Rouergue. Guillaume Balthazar Cousin de Grainville, nommé, en 1802, évêque de Cahors, visita la ville de Rodez, au mois d'octobre 1802, et y laissa un vicaire général chargé de l'administration de la partie du diocèse formée par le Rouergue.

C'est alors que, à l'exemple de ses collègues réfugiés à l'étranger, Seignelay Colbert crut devoir écrire à l'évêque de Cahors et à ses grands vicaires pour leur donner des pouvoirs. C'était faire acte de schisme, puisque le souverain Pontife avait retiré à Colbert toute juridiction pour la transmettre à l'évêque de Cahors. Un certain nombre de prêtres du Rouergue, entraînés par leur ancien évêque, refusèrent de reconnaître l'autorité et la juridiction de l'évêque de Cahors et déclarèrent vouloir rester fidèles à la houlette de Colbert.

On vit alors des paroisses presque entières s'engager dans le schisme, à la suite de leurs pasteurs, et, comme partout, la Petite Eglise recruta ses partisans dans les familles les plus attachées à la religion. Leurs prêtres leur persuadaient, comme ils le croyaient eux-mêmes, que l'adhésion au Concordat ne différait pas du serment constitutionnel.

Les paroisses qui se signalèrent le plus par leur ardeur à embrasser le schisme sont : Villecomtal, Sénepjac, Mousset, Fijaguet-de-Bozouls, Ségonzac, Lunel, Lacapelle-Mouret, Muret, Pruines, Saint-Félix-de-Lunel, Lagnac, Bouillac, Saint-Martin-de-Bouillac, La Roque-Bouillac, Loupiac, La Bessenoits, Saint-Marcel, Sénergues, Notre-Dame-d'Aynès, Grandvabre, Besonne, Claunhac, Septfonds. Mentionnons aussi trois paroisses du diocèse de Saint-Flour : Cassaniouse, Saint-Projet et Vieillevies, qui sont limitrophes du Rouergue et dont les adhérents à la Petite Eglise se réunissaient à ceux du diocèse de Rodez.

Le centre du schisme, la Rome de cette petite Eglise, était la paroisse de Villecomtal, siège des deux principaux pontifes de la secte, les abbés Delhom et Régis. Le parti trouva un puissant appui dans le château de la Guizardie, situé dans cette paroisse. Mme de Guizard, mère de l'ancien préfet de l'Aveyron, plus tard intendant des Beaux-Arts à Paris, offrait ses salons comme un asile aux partisans du schisme. L'abbé Régis était le chapelain du château.

Dans les commencements, un certain nombre de prêtres se laissèrent surprendre et adhérèrent au schisme. Mais plusieurs d'entre eux, quand la lumière se fit dans leur esprit, ne tardèrent pas à abjurer leur erreur. Ainsi l'abbé de Masson, curé de Saint-Félix-de-Lunel, trompé par la conduite de Colbert, avait d'abord refusé de se soumettre au Concordat ; il avait même élevé la voix sur la chaire en faveur du schisme et il allait entraîner ses paroissiens dans sa défection. Mais son cœur étant droit, il chercha de bonne foi la vérité, et elle tarda si peu à luire à son esprit que, le dimanche suivant, il désavoua humblement ce qu'il avait dit le dimanche précédent et préserva ainsi le plus grand nombre de ses paroissiens.

L'abbé Delhom.

Les deux principaux soutiens de la secte en Rouergue furent les abbés Delhom et Régis, tous deux fixés à Villecomtal ou dans les environs. Ils faisaient partie, avant le Concordat, d'une société dite *ecclésiastique*, dont Delhom était syndic, Régis secrétaire, et qui comptait parmi ses membres Poirier, missionnaire, ex-lazariste, ex-directeur au séminaire de Rodez et plus tard anti-concordataire, l'abbé Salès, et David curé de Saint-Félix-de-Lunel. Cette société, établie après l'époque de la Terreur, et avant celle du Concordat, probablement sous les auspices de l'autorité diocésaine, réhabilitait les prêtres *jureurs* ou constitutionnels qui désavouaient leurs errements, répondait aux demandes des curés, aux cas de conscience, centralisait les décisions épiscopales et tenait un registre où se trouvaient mentionnés, sous un numéro d'ordre, tous les actes ou les documents qu'elle avait entre ses mains. Voici ce qu'écrivait le syndic, en 1796 : « Nous avons tous les pouvoirs, et la discipline de l'Eglise ne fut jamais obligatoire en temps de persécution ». Il est donc à supposer que la société avait reçu des pouvoirs particuliers de l'autorité diocésaine.

L'abbé Delhom, originaire de Thérondels, avait été élevé au monastère de Conques, à la collégiale, en qualité d'enfant de chœur et d'élève de la maîtrise ; c'est là qu'il avait appris le chant, la musique et les belles-lettres. Ordonné prêtre par Colbert, il fut nommé vicaire de Sénepjac ; son curé étant mort en 1793, il devint alors vicaire-régent. Pendant la Révolution, il n'émigra pas mais se cacha dans le pays. Il se fixa au Taulan, hameau de la paroisse, et comme l'autorité civile interdisait la messe dans les églises, même lorsque la persécution ouverte se fut calmée, il célébrait les offices au Taulan, dans une grange qu'il avait disposée en chapelle. Il refusa de reconnaître le Concordat. L'an 1806, dans un voyage qu'il entreprit, probablement dans son pays natal, il fut arrêté et incarcéré. Il fit alors sa soumission au Concordat, ce qui lui valut sa libération. Ceci semble bien démontrer que l'ardeur de son zèle et de ses agissements contre le Concordat avait été le motif de son arrestation.

« A cette occasion, raconte-t-il, les préfets du Lot, du Cantal et de l'Aveyron s'étaient concertés sur une irruption à faire simultanément sur les limites de ces départements. Bien placé pour en être instruit, j'en donnai avis à l'abbé Régis ; je fis avorter le projet et je consentis à être sacrifié. » L'abbé Delhom, six mois après, « détesta et pleura cette soumission » qui lui fit verser des larmes aussi amères, dit-il, que celles de saint Pierre ; mais il jugea opportun de se borner à des rétractations privées de sa prétendue apostasie, renvoyant à une époque plus favorable sa rétractation solennelle. Napoléon étant tombé, en 1814, l'abbé, délivré de ses terreurs, lut cette rétractation en chaire devant ses paroissiens assemblés au Taulan : ses pleurs provoquèrent ceux de l'auditoire. Et afin d'achever de se river définitivement au schisme, il adressa sa rétractation de soumission et sa profession anticoncordatiste au Préfet de l'Aveyron, à l'ex-évêque Colbert, à l'abbé de Neyrac, vicaire général de l'évêque de Cahors et de Rodez, à l'abbé Rocagel, prêtre constitutionnel et intrus et maire de Thérondels. C'est peut-être celui-ci qui avait fait arrêter Delhom.

Mais la paroisse de Sénepjac était un nid de discordes et de luttes. Le nouvel évêque de Cahors et de Rodez y avait nommé un curé légitime, l'abbé Galan. L'abbé Garrigou, natif de Sénepjac, était « pasteur » à Muret, mais il disait la messe dans sa maison natale dès l'an 1798 ; il n'était pas concordatiste. L'abbé Burguière, natif du Fanq, hameau de Sénepjac, se disait « pasteur » de Sénepjac, dès l'an 1799 ; il était un intrus constitutionnel, mais il s'était rallié au schisme de la Petite Eglise et il disait la messe au Fanq. Que de rivalités !

Pour comble de malheur, l'ex-évêque

Colbert avait donné à tous les prêtres de la Petite Eglise des pouvoirs *généraux*, en vertu desquels chaque ecclésiastique se vit indépendant et se crut un général d'armée. Justement Garrigou, puis Burguière son successeur, invoquaient ces pouvoirs généraux pour légitimer leur juridiction. « Ces pouvoirs, disait Burguière, confèrent juridiction dans toute l'étendue du royaume (excusez du peu !) et la plénitude de cette juridiction. » C'étaient donc comme des vicaires apostoliques, des évêques *in partibus*. Il est vrai que, d'après le schismatique Lucrès, ils étaient « comme les missionnaires dans l'Inde et la Chine ». C'était flatteur pour la France de la Restauration. Car Lucrès, qui, en vertu des mêmes pouvoirs, signait « grand vicaire administrateur de l'ancien diocèse de Toulouse, *le siège vacant* », écrivait ceci en 1822.

L'abbé Delhom était donc bien malheureux. Indigné contre ces malencontreux pouvoirs généraux qui lui suscitent tant d'embarras, il invoque l'appui de l'abbé Régis et tous deux adressent à Colbert, le 8 septembre 1802, une réclamation pour protester contre « le système à pouvoirs généraux, qui déchaîne l'anarchie », et notamment contre l'intrusion de Garrigou et de Burguière, qui appuyaient leur invasion sur ledit système. Quel fut le résultat de cette réclamation ? Nous l'ignorons. Mais ce qui est notoire c'est que la division régna bientôt dans le camp de la Petite Eglise. Les prêtres qui en étaient les chefs se conduisirent comme des mercenaires ou plutôt comme des loups à l'égard des malheureuses ouailles qui s'étaient attachées à eux. Loin de s'accorder entre eux, ils se dénigraient mutuellement et ne cherchaient qu'à s'arracher leurs sectateurs les uns aux autres, afin de grossir chacun leur troupeau. Les partisans de l'un ne fraternisaient pas avec ceux des autres. La division ne régnait donc pas seulement entre Delhom et ses émules de Sénepjac, mais entre presque tous ; quelques-uns parfois se groupaient ensemble contre un autre plus puissant. Même lorsque les premiers de ces prêtres moururent, leurs fidèles ne se résignèrent qu'avec une extrême répugnance à se rallier aux survivants ; bon nombre même préférèrent demeurer d'abord sans pasteur. Ces pasteurs mercenaires ne tardèrent pas à se laisser dominer par l'intérêt et l'orgueil. Ils étaient entretenus par les largesses de leurs adhérents. De tous les points du diocèse, les enfarinés les comblaient d'offrandes de toutes sortes. L'orgueil de la domination acheva d'endurcir leur cœur dans le schisme.

Ils recevaient aussi de nombreuses intentions de messes dont ils faisaient part à tous leurs confrères des diocèses étrangers, qui en étaient bien moins pourvus dans leur pays. C'est ainsi que l'abbé Fleury, du diocèse du Mans, remercie l'abbé Régis de ses envois d'honoraires, par trois lettres de 1827, 1828, 1831. Cet abbé Fleury, anti-concordataire des plus fougueux, avait pris rang dans l'état-major des cinq ou six chefs principaux du schisme et inondait la France, et le Rouergue en particulier, de ses écrits schismatiques.

Dans les commencements, les fidèles de la Petite Eglise, scandalisés des divisions de leurs pasteurs, en écrivirent à Colbert. Le prélat répondit par une lettre adressée aux abbés Delhom et Régis et les pressa vivement de faire cesser leurs dissentiments et d'unir leurs efforts. Ce fut en vain.

Delhom et Régis, les deux grands pontifes de la secte en Rouergue, habitant, l'un à la Guizardie l'autre au Taulan, sur le sommet de deux collines qui se regardent et sont séparées par le Dourdou, vivaient comme deux frères ennemis. Régis avait voué à son émule une haine qui ne désarma jamais. Ils s'étaient vus de près et avaient travaillé dans le même champ. Régis, avant le Concordat, exerçait le ministère en qualité de vicaire auxiliaire de Sénepjac et de Muret, et Delhom signait : vicaire de Sénepjac et de Muret. Ils se rencontraient parfois chez Albespy, de Saulodes, hameau de Ségonzac, qui réunissait chez lui les principaux enfarinés de la région. Et cependant Régis, qui avait de nombreuses et importantes relations dans la France entière, avait tellement prévenu contre Delhom tous ses correspondants, que ceux-ci, dans leurs lettres, témoignent le plus profond mépris pour cet homme de fourberie, de duplicité, ce transfuge, cet apostat qui n'était pas même *catholique*, c'est-à-dire pas même anti-concordatiste. C'est que Régis exploitait la soumission temporaire que Delhom avait faite pour sortir de prison et n'admettait pas que celui-ci se fût rétracté sincèrement. Les lettres de Fleury, de Delile-Roux, de Lucrès, de l'abbé de Mérinville et de bien d'autres, sont instructives sur ce point. Régis s'était même ligué avec Burguière, le concurrent de Delhom ; il le soutenait de toutes ses forces, par antipathie pour ce dernier.

Delhom de son côté ne se gênait pas ; il traitait David et Burguière « d'idiots à plein collier » et Garrigou de « visionnaire en délire ». Mais se voyant traqué de tout côté, de près et de loin, il tenta de fléchir son ennemi, en lui adressant, l'an 1818, une lettre, un plaidoyer des plus touffus *pro domo*, où il le tutoie amicalement, l'appelle souvent : « mon cher et très cher ami », l'embrasse « avec tendresse », le conjure de lui rendre son affection. Régis ne fut point touché et ne se rendit pas, puisque les lettres postérieures à cette date, jusqu'après 1830, révèlent la même animosité.

A cette seule marque, les esprits avisés auraient pu reconnaître de quel côté se trouvaient les vrais disciples de Jésus-Christ. Ce critérium de certitude dans la vérité nous est fourni par le divin Sauveur lui-même : « A la marque de la charité vous reconnaîtrez mes disciples. » Donc à la marque de la haine l'on devait reconnaître les faux pasteurs et les faux disciples. Mais l'erreur a toujours produit l'aveuglement.

L'abbé Delhom se vengeait en attirant à son bercail toutes les ouailles, même celles des autres paroisses : ce qui irritait de plus en plus la jalousie. On se rendait au Taulan, non seulement des paroisses du voisinage, mais encore des plus éloignées, telles que Sénergues, St-Marcel, Bouillac, Cassaniouse.

C'est que l'abbé usait de mille industries pour les attirer et mettait en œuvre ses talents de musicien, de prédicateur, d'écrivain, de metteur en scène. Il avait formé un chœur nourri de chantres, de musiciens, d'instrumentistes. La messe était chantée en musique, avec accompagnement de violons, flûtes et trompes. On exécutait des motets. De son voyage à Paris il avait rapporté une messe en musique, qu'il fit exécuter au Taulan et dont il s'attribua la composition, en l'illustrant du nom de *Missa Taulanensis*. Il prêchait aussi avec intérêt, car il était très cultivé ; il faisait assidûment le catéchisme, préparait les enfants à la première communion, ainsi qu'il nous l'apprend lui-même, et administrait les sacrements.

Jusque-là, s'il s'arrogeait une juridiction qu'il n'avait pas, du moins il n'avait employé que des moyens légitimes. Mais bientôt perça le bout de l'oreille du sectaire qui se fait charlatan. Il se montra trop ingénieux, trop fertile en ressources. Dans son parti, il y avait des femmes et des filles soi-disant possédées du démon. Elles venaient au Taulan. Là, au milieu d'une nombreuse assistance de trois à quatre cents personnes, attirées par cette mise en scène et l'étrangeté du spectacle, l'abbé exorcisait les prétendues possédées. Il faisait parler longuement le diable, ce qui a toujours intéressé le peuple, et il le faisait parler comme un compère :

— Tu m'as enlevé un tel, une telle, criait le diable avec mille grimaces et contorsions ; tu m'as ravi l'âme d'un tel, de tel autre ; mais tu me la paieras cher !

Et le diable avait soin de désigner les adeptes de l'abbé comme ayant échappé à Satan. Puis l'abbé ne manquait pas de chasser le diable avec un cérémonial des plus intéressants.

Dans le principe, l'abbé se servait de diverses personnes affidées pour tromper le public ; mais dans la suite il fut lui-même dupé par d'autres qui prirent goût à ce jeu et qui se donnèrent comme vraiment possédées, pour se rendre intéressantes : il s'y laissa prendre. C'est ce que nous conjecturons des détails qui nous ont été transmis et de l'ardeur de conviction qui règne dans les récits de l'abbé. Ce ne fut que justice : à trompeur, trompeur et demi. Le pauvre abbé n'en devint que plus obstiné dans ses errements.

Le 2 octobre 1830, l'abbé Delhom adressa un appel : *Senioribus presbyterorum cleri Ruthenensis,* aux prêtres les plus âgés du clergé du Rouergue. Il les conjurait de se rendre aux avertissements qui découlent des déclarations « spontanées » faites par le démon. Ces avertissements il les avait publiés dans une brochure imprimée en 1820, que « l'exaltation des esprits d'alors, dit-il lui-même, empêcha d'être lue ». La relation manuscrite nous apprend ceci : « En 1819, 20 et 21, trois à quatre cents personnes ont entendu en diverses fois, dans un local obscur de ce diocèse (au Taulan) et de la bouche de dix infortunés énergumènes les aveux arrachés par la vertu du ministère de l'église Gallicane et les déclarations spontanées du démon s'appelant Beelzébuth... Le jour de Pâques, 11 avril 1819, la première possédée, après plus de trois mois de préparation et quatre heures d'exorcismes, tomba en état de mort, au vu de cinq à six cents personnes. » — Ce chiffre n'est pas exagéré, au contraire, car, cette même année 1819, le préfet de l'Aveyron adressa une lettre au maire de Villecomtal au sujet d'un rassemblement de *mille* personnes appartenant à la Petite Eglise et ayant à leur tête l'abbé Delhom qui présidait à des cérémonies du culte. — « La possédée se releva libre, quatre heures après. Un tourbillon de vent qui ne nuisit à rien, exigé (c'est-à-dire commandé au démon), se fait éprouver et fortement sentir au moment qu'elle tombe ; ce vent a été senti et éprouvé en nombre d'endroits ; à Paris on en rendit compte ; à Rodez, à la même heure, 5 h. du soir, on entendit les vitres de la cathédrale. L'état de mort de la possédée dura six heures. Le dimanche de la Pentecôte suivant, 30 mai, susdite année, au vu de deux à trois cents personnes, la même possédée, après sa communion, à 9 h., vient pour se restaurer des agitations essuyées la veille, et, à la maison, tombe en état de mort, à l'improviste, sans pouvoir être soulagée. Elle est portée à l'oratoire : l'office divin se célèbre. Vers le milieu de l'instruction, on fait lecture du XVIIIe chapitre du livre III des Rois. La fin de l'instruction est une apostrophe à la sainte Vierge : Si le culte rival de l'Eglise est ce que nous croyons avec les évêques proscrits, ordonnez de faire éteindre les chandelles à l'autel sans nuire à personne ; si c'est l'église Gallicane que vous protégez, que l'infortunée possédée soit libre, au chant de votre cantique. Vêpres se disent de suite après la messe ; et au mot *Magnificat* entonné, la fille se lève libre, avec transport de joie, et porte la bannière de la Vierge à la procession du Saint-Sacrement après Vêpres. L'état de mort de cette énergumène dura six heures environ. »

Et voici les avertissements inspirés par ces prétendues manifestations et soumis par Delhom aux méditations du clergé :

1o L'ange exterminateur est l'auteur du culte national constitué, policé, organisé, restauré ;

2º Dans ce culte (dit le démon), j'y serai honoré à mon tour par le *Saleyip* (?) ;

3º Le tricolor (drapeau tricolore), ajoute le démon, est ma bannière, symbole de force et d'union dans l'incrédulité chez mes adeptes ;

4º Le trône à Blois ; l'autel à Rodez : c'est-à-dire rétablissements de la dynastie à Blois et du vrai culte divin à Rodez, etc. etc.

A l'appui de ces divagations, Delhom rappelle « les scènes démoniaques » qui eurent lieu aux environs de La Cresse, canton de Peyreleau, et dont le récit s'était répandu dans le Rouergue tout entier et au delà. On trouve une allusion à ces faits dans le *Bulletin de l'Aveyron* du 28 août 1830. Cet article mentionne des apparitions et des manifestations à La Cresse, mais sans en donner le récit ; il se contente d'exprimer son indignation contre les auteurs de ces scènes qui étaient, dit-il, en opposition avec l'esprit moderne.

Le récit de ces apparitions nous a été transmis par un contemporain ; il vient d'être publié dans le *Journal de l'Aveyron*, nº du 9 février 1902. D'après le curé de La Cresse, vivant à cette époque, ces manifestations auraient été diaboliques. En réalité elles n'étaient qu'un coup monté et une vaste mystification.

L'abbé Delhom fut séduit par ces manifestations ; ce qui ne pouvait manquer d'arriver. Dans son appel au clergé du diocèse, il évoque « ces apparitions de *Mater Dei* avec son fils, ces simulacres d'habillés en prêtres et l'un en évêque, cette escouade de soldats qui les escortait pour dire la messe dans l'église, avec la permission du curé. » Il déclare que c'étaient des apparitions « démoniaques », et il pense que ces scènes n'étaient que la suite de celles qui avaient eu tant de retentissement au Taulan, en 1819.

Proposer à la croyance du clergé du diocèse les exhibitions charlatanesques du Taulan ; signaler les scènes de La Cresse comme « des grâces à seconder et des avertissements à mettre à profit, car le démon, disait-il, ne joue ses farces qu'autant qu'il lui est permis ou *ordonné* (!) d'en haut » ; recommander ces honteuses tromperies au clergé comme un motif de leçons : n'est-ce pas le comble de l'aberration et du ridicule le plus amer ? Voilà l'abîme où se précipitent les hommes les plus intelligents, quand ils se séparent du centre de l'unité religieuse.

Du reste les hommes sérieux tournaient en dérision les divagations de l'abbé Delhom. Sa réputation était même compromise ; sa conduite, paraît-il, prêtait à la critique. Mais la masse de ses partisans était aveuglée. Il achevait de les fanatiser par ses discours habiles et d'ailleurs pleins d'érudition ecclésiastique. Il avait installé, dissimulée derrière le foin d'une grange, une imprimerie clandestine. Il écrivait beaucoup, et trois typographes suffisaient à peine à imprimer les livres et libelles qu'il dirigeait contre le clergé « constitutionnel, concordataire et consulaire ».

Vers 1819, il se rendit à Paris pour solliciter l'appui du roi Louis XVIII en faveur de sa petite église. Il obtint une audience, et le roi se contenta de lui dire : « Nous ne pouvons rien changer. » Faute de mieux, il rapporta de Paris la messe en musique qu'il décora du nom de *Missa Taulanensis*.

L'ex-évêque Colbert se soumit-il ?

Dans une lettre datée du 31 août 1802, Colbert va nous dire lui-même avec quelle ardeur et quelle ténacité il demeure attaché au schisme, et quels sont les motifs qui l'inspirent.

« Je viens de recevoir votre dernière lettre adressée à l'*ancien* évêque de Rodez. Je ne suis point l'*ancien*, mais je suis l'évêque actuel de ce siège. Le Pape a pu vouloir et, par une entreprise inouïe, prendre sur lui de destituer des évêques auxquels il n'a ni fait leur procès ni même jamais hasardé un reproche. Ces évêques occupaient leur siège par un titre aussi solide, aussi sacré et de même nature que celui auquel le Saint-Père est redevable de la Papauté. Sa Sainteté a pu tenter de faire de nous des vicaires apostoliques amovibles à sa volonté ; mais c'est une atteinte absurde et coupable contre la discipline de l'Eglise universelle, une infraction manifeste des libertés de l'église Gallicane, un attentat enfin contre les droits les plus sacrés de l'Eglise catholique et contre la stabilité de l'Episcopat. S'il est quelque chose inviolable sur la terre c'est sans doute l'*institution*, qui est venue directement du divin auteur de la religion et a passé intacte des apôtres jusqu'à nous, par une succession non interrompue. Le Pape n'a pas reçu le pouvoir d'y donner atteinte ; aucun canon, aucune décision de l'Eglise et aucun exemple ne l'y ont jamais autorisé. Un évêque titulaire de son siège est de droit divin et n'est destituable que de trois manières : la première, s'il a donné volontairement sa démission ; j'ai refusé formellement de donner la mienne ; la seconde, s'il a été destitué en vertu d'une condamnation portée contre lui par un tribunal compétent, après les procédures en pareil cas requises et ordonnées par l'Église. La troisième enfin, par ma mort. Je n'ai jamais été ni accusé, ni entendu, ni jugé, et, Dieu merci, je ne suis pas encore mort (1). »

On ne sait ici que déplorer le plus, ou de principes si manifestement faux, ou d'une ardeur de conviction digne d'une meilleure cause. L'épiscopat est d'institution divine, c'est vrai ; mais la juridiction appartient au Pape qui la confère ou la retire à son gré. Ce n'est pas le caractère sacramentel de l'épiscopat, que le Souverain Pontife enleva aux évêques de France ; il ne le pouvait pas ; c'est seulement la juridiction, dont il est l'unique dispensateur.

Malgré tant d'obstination, Colbert reconnut-il son erreur avant sa mort ? Voici à ce sujet un récit inédit qui, s'il n'est pas entièrement historique, est du moins consolant.

Le zélé abbé Delhom, pour fortifier son influence et pour raffermir le schisme qui menaçait de se disloquer, résolut, avant l'an 1813, d'écrire une lettre à l'ex-évêque Colbert, reconnu pour pasteur légitime

(1) *Mém. de la Soc. des Lett. de l'Avey.* t. XIV, p. 491.

par les *enfarinés*. Mais comme la main de Napoléon était dure envers les opposants au Concordat, Delhom confia la lettre à deux hommes de Muret et les chargea de la porter eux-mêmes à Londres. L'un des deux, qui était cordonnier, dissimula la lettre entre les deux lames de la semelle de son soulier.

La réponse de Colbert ne fut pas telle que l'espéraient les prêtres dévoyés, d'après les sentiments et les agissements que le prélat avait manifestés jusque-là. Dans cette réponse, qu'il confia aux émissaires, le prélat louait les prêtres schismatiques de leur résistance si courageuse aux persécutions de la Révolution de 93 ; mais il les pressait de se soumettre au Saint-Siège et à l'évêque légitime établi par celui-ci. Une autre tradition orale raconte qu'une députation d'*enfarinés* du Rouergue s'était rendue à Londres, auprès de Colbert, pour lui demander à qui il fallait obéir, dans ces circonstances difficiles. Le prélat, touché de la droiture et de la démarche de ces hommes, se serait jeté à leurs genoux, leur aurait demandé pardon et les aurait pressés de se soumettre au Pape et à l'évêque légitime de Cahors. Cette députation était-elle la même que celle que nous venons de signaler ? Ce serait possible. A la lecture de la réponse de Colbert, l'abbé fut atterré. Mais son cœur était endurci, sa volonté pervertie. Il recommanda fortement aux deux émissaires de tenir la réponse secrète et de n'en jamais rien révéler. Ceux-ci, scandalisés de cette mauvaise foi, ne tardèrent pas à se séparer du prêtre schismatique et à publier la réponse du prélat. A la suite de cette révélation, plusieurs firent leur soumission, entre autres Mme de Guizard. C'était vers l'an 1810.

Nous tenons ces détails d'un homme qui fut le clerc, l'élève et le secrétaire de Delhom et qui était très instruit sur toutes les doctrines et sur tous les faits de l'histoire de la Petite Eglise, à laquelle il a appartenu jusqu'en 1850, époque où il fit son abjuration. D'après ce récit, Colbert aurait reconnu son erreur. Mais fit-il acte de soumission ? Nos anciens le croyaient. Cet acte pourtant aurait dû être public, comme le fut celui des autres évêques qui abjurèrent le schisme. Pourquoi ne le fut-il pas ? Nous l'ignorons. Peut-être, ayant retardé de rendre son abjuration publique et officielle, la mort ne lui laissa pas le temps d'accomplir cette démarche. Retiré à Londres, où il était secrétaire du comte de Provence, qui devint le roi Louis XVIII, il mourut en 1813.

L'abbé Delhom et l'évêque de Rodez Pierre Giraud.

Lorsque l'évêque de Rodez, Pierre Giraud, prit possession de son siège, le 22 décembre 1830, il prononça à la cathédrale une allocution dont le texte était : *Pax vobis*. Que la paix soit avec vous. L'abbé Delhom écrivit alors une diatribe, dont nous avons le manuscrit, contre l'évêque, son discours et son texte ; elle est datée du 4 février 1831.

Dans cette pièce, qui respire l'ardeur, la violence même du sectaire, l'auteur observe que « Tous les novateurs ont débuté en faisant toujours valoir pour eux ces mots sacrés : Paix et charité ». Puis il compare le clergé concordataire au clergé constitutionnel et s'efforce de démontrer que le premier n'est que le successeur et le continuateur du second et que tous deux sont un même clergé constitué, organisé par l'Etat laïque. Or l'Eglise constitutionnelle a toujours été condamnée comme schismatique : donc l'Eglise concordataire est, elle aussi, schismatique et hérétique.

Comme si le Saint-Siège, qui avait repoussé la Constitution civile du clergé, n'avait pas approuvé le Concordat. Or là où est le Pape, là se trouve l'Eglise véritable. L'Eglise concordataire a le Pape avec elle, et elle serait schismatique ! Le parti anti-concordataire a le Pape contre lui, et il serait le seul catholique ! Quelle logomachie ! Quelle aberration !

L'abbé était si aveuglé, il se croyait si sûr de son droit, qu'il termina son pamphlet par ce défi audacieux, ridicule et digne d'un sectaire incurable :

« On offre démonstration rigoureuse de cette dissertation dans tous ses mots, si Mgr du Culte National témoigne le désirer, en le demandant par le *Bulletin de l'Aveyron* qui a publié l'allocution du *Pax vobis* de Sa Grandeur temporaire et provisoire. On offre en sus de démontrer l'illégitimité du culte temporaire et provisoire, dit *catholique*, si cela fait plaisir à Sa Grandeur qui le préside. »

Quelle pitié ! Mais il y a plus fort encore. Que l'évêque Giraud, dit l'abbé Delhom, se tienne pour averti par trois événements extraordinaires déjà observés dans son diocèse : le 1er, qui a eu lieu le 11 avril et le 30 mai 1819 (les prétendues manifestations diaboliques au Taulan) ; le 2e, le 27 juin de la même année (mêmes comédies au Taulan) ; le 3e, les scènes diaboliques de La Cresse. « Que ces trois événements, ajoute-t-il, soient dirigés contre le Culte National — c'est-à-dire contre l'Eglise concordataire — *c'est certain.* » (Voilà une certitude bien inattendue !) « Gare le 4e, sous le 4e évêque révolutionnaire à Rodez ! ».

En vérité, Mgr Giraud n'avait qu'à se bien tenir.

Mais voici le chef-d'œuvre : c'est un quatrain (saluez !) et quel quatrain ! qui couronne dignement cette diatribe ; *finis coronat opus.*

Criez, Monsieur Giraud, *Monseigneur* pour Rodez,
Criez : *Paix, paix, paix* là : *paix, charité*, criez !
La *charité* pour vous, la paix à votre mitre,
Paix à vos succursaux, vos curés et chapitre.

Après ceci, il n'y a qu'à tirer l'échelle.

Animé d'un fanatisme si aveugle, l'abbé Delhom ne pouvait revenir de ses errements. Il mourut impénitent au Taulan, le 22 mai 1833, et fut enseveli à Sénepjac. C'était dans l'octave de l'Ascension. Ses fidèles remarquèrent cette coïncidence. Ils crurent qu'elle était providentielle, et que leur saint avait été élevé jusqu'au troisième ciel... à la façon de Simon le Magicien.

L'abbé Régis.

Le second pontife de la secte fut l'abbé Antoine Régis, originaire de Villecomtal, en 1762, d'une famille des plus honorables. Il avait un oncle chanoine à Rodez et un neveu avocat, notaire à Villecomtal. Après d'assez bonnes études, plus versé dans les sciences exactes que dans la science ecclésiastique, il fut ordonné prêtre à Rome. Il n'eut jamais charge d'âmes ; cependant, durant la période révolutionnaire et avant le Concordat, il exerçait le ministère en qualité de vicaire auxiliaire de Muret et de Sénepjac, en collaboration avec l'abbé Delhom. Mme de Guizard lui offrit une retraite à la Guizardie, où il remplissait d'abord les fonctions de chapelain et plus tard celles de régisseur du domaine.

Il était grand, maigre, actif, énergique et courageux, bon d'ailleurs et généreux. Il aimait la chasse et ne portait point le costume ecclésiastique, sinon pour célébrer la messe. Lorsque la Révolution éclata, il demeura néanmoins à la Guizardie. Un jour, trois gendarmes arrivèrent avec mission de se saisir de lui. Aux abords du château, la première personne qu'ils rencontrent c'est l'abbé Régis lui-même, mais ils ne le reconnaissent pas sous son costume laïque. Ils l'interpellent ainsi :

— L'abbé Régis est caché au château, nous le savons.

— Oui, il s'y cache en effet.

— Procurez-nous le moyen de le trouver.

— Cela me serait difficile ; j'ignore sa cachette.

— Tenez, voilà un écu de six livrez ; aidez-nous et vous recevrez une plus forte récompense.

L'abbé trouva plaisant d'empocher l'écu, prix de sa propre trahison.

— Je vais rechercher, leur dit-il, l'abbé

qui se cache ; j'espère le trouver. Mais en attendant descendez de vos montures, et comme les chevaux pourraient trahir votre présence, attachez-les à ces arbres.

Puis il les fait s'embusquer derrière un massif d'arbustes, ayant soin de les disposer de façon à les éloigner de leur monture. Et soudain il se dirige vers l'un des chevaux, le plus vigoureux, saute prestement en selle et pique des deux, laissant les gendarmes ahuris, stupéfaits. Parvenu au sommet du tertre qui domine le château et d'où la plaine s'ouvrait devant lui, il s'arrête, se retourne et nargue les gendarmes immobiles de surprise en leur criant : « L'abbé Régis c'est moi. » Et en repartant, il leur exhibe, comme une tête de Méduse, en tapant dessus, la partie la moins noble de sa personne. En peu de temps il eut disparu au loin, se dirigeant vers la demeure d'une famille amie.

Là il apprend que les gendarmes viennent de se saisir du baron d'Humières et l'emmènent prisonnier. Cette famille avait un château à Conques, le château de Labro, et un autre dans le Cantal. Aussitôt l'abbé propose à un de ses amis d'aller le délivrer. Ils partent, armés de fusils, et se postent en embuscade ; d'après leurs conventions, l'un d'eux devait tirer sur le gendarme de droite, l'autre sur celui de gauche. Les gendarmes passent, emmenant leur prisonnier ; l'abbé et son compagnon tirent : les gendarmes tombent tués du premier coup ; le baron est délivré.

Un peu plus tard, obligé de s'enfuir, l'abbé se dirige du côté de l'Est ; il est arrêté comme suspect et conduit à la prison de Lyon.

Il allait infailliblement être exécuté ; mais sa belle taille, son grand air, la vivacité et l'entrain de son caractère ont fait impression sur la fille du geôlier qui venait apporter leur provende aux prisonniers.

— Si vous voulez m'épouser, lui dit-elle, je vous ferai évader.

— Je ne dis pas non, répondit-il ; procurez-moi la liberté.

La fille le fait évader. Rendu à la liberté, le prisonnier lui dit :

— Je vous garde la plus profonde reconnaissance pour un tel bienfait. Quant au mariage il ne faut pas y songer, je suis prêtre.

Là-dessus il remercie, salue et se sauve.

Il ne tarda pas à revenir à la Guizardie, et, à l'époque du Concordat, il leva l'étendard de la révolte et du schisme et apporta dans sa guerre contre l'autorité légitime l'ardeur, la violence et l'entêtement de son caractère.

Outre les fonctions de chapelain qu'il remplissait auprès de Madame de Guizard, la mère de la Petite-Eglise, il descendait à Villecomtal, le dimanche et les fêtes, et célébrait la messe dans une ancienne fabrique de poterie, située à l'extrémité du foiral et au delà du Dourdou. Cet édifice, rasé depuis plusieurs années et connu en patois sous le nom de *Lous Toupis, la Poterie*, avait été disposé en guise d'église. La messe de la Poterie ne pouvait rivaliser avec celle du Taulan pour la solennité, la musique et les autres attractions. L'abbé Régis, dépourvu des talents artistiques de son concurrent abhorré, se contentait, pour mieux exprimer son mépris à l'égard de la mise en scène de Taulan, d'une simple messe basse sans chant et sans solennité. Les assistants étaient nombreux néanmoins, surtout vers la fin, car alors Régis et Delhom étant les seuls prêtres schismatiques survivants, on accourait vers eux de tous les points du diocèse et au delà. Les vieillards du pays ont maintes fois assuré que les assistants à la messe de la Poterie étaient plus nombreux que les fidèles de l'église paroissiale. L'édifice ne pouvant contenir tous les *enfarinés*, ceux-ci se tenaient pour la plupart dans le champ contigu.

L'abbé Régis et l'abbé Delhom rayonnaient au loin dans la région, ranimant les tièdes, encourageant les pusillanimes, administrant les sacrements, confessant à domicile, bénissant les mariages et veillant à ce que les unions ne fussent contractées qu'entre les membres de la secte.

D'ardentes zélatrices parcouraient les paroisses éloignées, entretenant parmi les fidèles du schisme le feu sacré, et au besoin suppléant au ministère du prêtre. A Bouillac on citait encore naguère le nom de l'une de ces intrépides dévotes, la *Pauquétouno* qui courait de maison en maison et poussait le dévouement jusqu'à s'offrir comme médiatrice, entremetteuse, entre les ouailles et le pasteur. Elle se chargeait d'entendre et de recueillir les confessions à domicile :

— Moussu lou curat pot pas béni ; mais

digas mé tout o yéou, et ou li onoraï pourta; aco séro la mêmo caouso (1).

Et, lorsqu'elle avait ainsi réuni une ample moisson, elle courait à Villecomtal, qui est fort loin de là, et déposait son précieux butin entre les mains des pontifes qui renvoyaient, par le même courrier, leurs conseils et leur bénédiction. Elle exerça assez longtemps ce courtage d'un nouveau genre. Nous tenons ces détails de l'ancien curé de La Roque-Bouillac, desservant cette paroisse depuis 1824.

C'est surtout Delhom qui lançait ainsi au loin ses émissaires et qui centralisait le ministère. Régis, voyant la persécution révolutionnaire prendre fin, estima que les pouvoirs généraux n'avaient été donnés par Colbert que pour la période de persécution, et que par conséquent il ne pouvait avoir lui-même plus de pouvoirs qu'avant cette période; et comme il n'avait eu aucune juridiction régulière, il n'administrait le sacrement de pénitence que dans les cas de nécessité, tels que le danger de mort.

---

(1) Monsieur le curé ne peut pas venir; mais dites-moi tout et j'irai le lui apporter: ce sera même chose.

L'abbé Delhom soutenait le courage de son troupeau, qui allait toujours diminuant, en leur disant :

— Nous sommes un petit nombre ; mais le bon Dieu a dit : « Beaucoup d'appelés, mais peu d'élus. » Nous sommes ce peu ; nous sommes ce petit troupeau dont le Sauveur disait : *Pusillus grex*, chétif troupeau.

Mme de Guizard, qui avait abjuré le schisme vers 1812, garda néanmoins jusqu'à la fin l'abbé Régis chez elle, en qualité, non plus de chapelain, mais de régisseur du domaine. Le clergé de Villecomtal était assez souvent invité à la table du château ; l'abbé Régis y paraissait, lui aussi.

Profondément endurci dans son erreur, il refusait de se rendre à tous les appels. Il se plaisait à jouer toutes sortes de tours malins aux prêtres de la paroisse. En voici un entre autres. D'après un usage traditionnel en vigueur dans plusieurs régions, on servait, après le potage, un œuf à la coque. Un jour l'abbé Régis eut la fantaisie de vider d'avance tous les œufs servis, par un trou d'épingle invisible. Chacun des convives attaque de confiance son œuf, intact en apparence, et tous ensemble, ne trouvant que des coques vides, se virent volés et demeurèrent ahuris, tandis que l'abbé jouissait à plaisir de l'ébahissement général.

Quelque temps avant sa mort, l'abbé Régis disait à quelques-uns de ses fidèles : « Je suis déjà avancé en âge ; je ne serai plus longtemps au milieu de vous ; après ma mort vous ferez bien de vous adresser aux pasteurs établis dans les paroisses et de faire retour à l'Eglise. » Ces recommandations, qui nous sont parvenues par un témoin, peuvent-elles s'allier avec la bonne foi ? Quelle inconséquence et quelle obstination ! Aussi sa mort tragique fut-elle regardée comme un coup de la justice divine. En voici le récit.

L'abbé, toujours passionné pour la chasse, était allé à l'affût du lièvre, avec le domestique de la Guizardie, Pierre, de qui nous tenons tous ces détails. Comme il était d'un âge avancé, 77 ans, il ordonna à Pierre d'aller, avec les chiens, faire lever et lancer le lièvre, tandis que lui-même se posta à un passage où il savait que le lièvre devait déboucher. En attendant, armé de son fusil, il s'assit sur le gazon, se dissimulant derrière un accident de terrain. Pierre rabat le lièvre, qui prend la direction prévue. Mais n'apercevant pas à son poste l'abbé qui s'était dissimulé, il couche en joue le lièvre et fait feu. Au même instant, l'abbé, comprenant, aux aboiements des chiens, que le gibier est à portée, se dresse pour tirer. Il reçoit à la tempe plusieurs des plombs de la charge qui foudroie le lièvre. Il tombe; on le transporte au château. Il recouvre sa connaissance et a le temps de pardonner à son meurtrier involontaire et désolé, et de recommander aux siens de ne point le poursuivre devant la justice. Il ne rétracta pas son schisme. Il mourut quelques moments après.

Une autre version, que nous croyons moins exacte, assure que l'abbé survécut trois jours, ayant toute sa connaissance, mais non l'usage de la parole. A la nouvelle de l'accident, accourent à la Guizardie l'abbé Combes, originaire de Villecomtal et plus tard curé de Saint-Amans de Rodez, ainsi que l'abbé Mazars, vicaire général, dans l'intention de sauver l'âme du prêtre dévoyé. Tous deux unissent leurs efforts pour obtenir, par signe, une rétractation du schisme. Le malheureux abbé mourant ne répond à cette proposition de salut que par un geste expressif des deux mains qui signifie nettement un refus énergique.

Il expira dans cette obstination aveugle, invincible. Terrible châtiment de l'orgueil, de l'abus de tant de grâces, de l'endurcissement du cœur à la voix de la grâce et de la simple raison. Il mourut le 7 juin 1835, à 4 h. du matin.

La sépulture fut faite, sans prêtre, au cimetière de Servières, ancienne annexe de Villecomtal. Un grand nombre d'enfarinés, convoqués de toute la région, vinrent assister à ses obsèques. Tous portaient un cierge à la main et pleuraient amèrement leur dernier pasteur.

Le Saint-Sacrement entre les mains des dissidents.

L'abbé Régis avait laissé le Saint-Sacrement dans l'église de la *Poterie*, à Villecomtal. Quelque temps après sa mort, les saintes espèces furent transportées par quelques *enfarinés* dans la ville de Toulouse et remises entre les mains d'un prêtre de la secte.

Le Saint-Sacrement avait été laissé aussi dans la chapelle du Taulan par l'abbé Delhom, mort en 1833. A cette époque, les curés de Muret et de Ségonzac se rendirent au hameau du Taulan pour le retirer et le transporter dans une église. Mais les partisans de l'abbé leur refusèrent l'entrée de leur sanctuaire. Ils conservèrent ainsi le Saint-Sacrement au milieu d'eux, lui rendant de ferventes adorations. Les enfarinés y accouraient de tous les points du diocèse ; car c'était le dernier de leurs sanctuaires où fût conservée la sainte Eucharistie. Observons cependant, en passant, que le Saint-Sacrement ne demeure plus dans les hosties consacrées, dès que celles-ci sont notablement altérées. Or il est une cause d'altération à laquelle elles ne peuvent échapper, malgré toute précaution, c'est la vétusté. Il est impossible de préciser le délai après lequel elles sont altérées ; mais il est difficile de croire que, même dans les milieux les plus favorables, elles puissent se conserver une et surtout plusieurs années. L'Eglise veut que les saintes espèces soient renouvelées au moins deux fois le mois. La Sacrée Congrégation défend de consacrer des hosties qui ont trois mois en hiver et six en été.

Après quelques années, le prêtre schismatique de Fontenay-le-Comte (Vendée) conseilla aux enfarinés de renouveler les hosties consacrées. A cet effet deux jeunes gens partirent du Taulan pour se rendre dans la Vendée : c'était un voyage d'environ 125 lieues. A tour de rôle ils portaient, suspendu sur leur poitrine et dissimulé sous leurs vêtements, le petit ciboire d'argent qui contenait les saintes espèces. Tout le long du chemin, ils priaient avec une ferveur admirable; ils évitaient, par respect, les auberges et les autres lieux publics ; la nuit, ils veillaient à tour de rôle, prosternés dans l'adoration la plus profonde. Arrivés à Fontenay, ils reçurent du prêtre schismatique de nouvelles hosties consacrées qu'ils rapportèrent au Taulan, avec les mêmes démonstrations de respect.

L'on est partagé entre l'admiration et la compassion pour ces excellents chrétiens, égarés dans le schisme, mais pleins de simplicité, de bonne foi et d'esprit de religion.

Dans leur ferveur pour la Sainte-Eucharistie, rien ne leur coûtait pour se procurer le bonheur d'assister aux offices de leurs prêtres et de recevoir les sacrements de leurs mains. Une petite troupe de jeunes filles de Fijaguet-de-Bozouls, sous la conduite d'hommes âgés, se rendit jusqu'à Vendôme, dans le diocèse de Blois, pour faire la première communion : c'était vers l'an 1844.

Félix Costes, de Sénepjac, l'ancien secrétaire de Delhom, entreprit, en 1840, un voyage à Saint-Denis sur Loire, pour voir l'un des rares prêtres dissidents qui eussent survécu. Il se confessa et communia. L'abbé Turmeau l'engagea vivement à emporter au Taulan des hosties consacrées :

— Vous consommerez les anciennes, en arrivant, lui disait-il ; c'est ainsi que l'on faisait dans la primitive Eglise et que l'on peut faire en temps de persécution.

— Mais nous ne sommes plus persécutés, objectait Costes timidement, et je n'ose me charger d'un pareil dépôt ; d'ailleurs je n'en suis pas digne.

L'on garda au Taulan, jusqu'en 1847 ou 1848, les anciennes hosties venues de Fontenay. A cette époque, tous les prêtres schismatiques étant morts, sauf l'abbé Terrier, de Rouen, un jeune homme de Sénépjac se dévoua pour transporter les saintes hosties à Rouen. Il les remit à l'abbé Terrier qui n'en donna point de nouvelles.

Autres prêtres dissidents.

Passons en revue les autres prêtres qui, à notre connaissance, embrassèrent le schisme et en furent les fauteurs.

L'abbé Garrigues, originaire de Rodez, avait été le porte-mitre de l'évêque Colbert. Ce prélat, qui l'aimait beaucoup, le fit héritier de sa bibliothèque, mais l'entraîna dans l'erreur. Garrigues n'avait jamais eu charge d'âmes, n'ayant exercé que les fonctions de chapelain. Pendant la Révolution, il se réfugia à Saint-Juéry-d'Altun sur la montagne. Là il catéchisait les familles de cette paroisse et des paroisses voisines, telles que Touluch, Crozillac et Soulages.

Après avoir refusé de se soumettre au Concordat, il disait la messe dans des chambres ; la première ardoise venue, tombée des toits, lui servait de pierre sacrée. Jusqu'en 1825, il demeura sur la montagne, exerçant un ministère illégitime. A cette date, il descendit à Sénepjac où il acheta une maison, moyennant un emprunt fait à ses coreligionnaires et qui ne fut jamais remboursé. Il n'eut point de partisans dans ce pays. En 1829, il tomba paralysé et fut transporté à l'hôpital de Rodez où il mourut, en refusant d'abjurer son erreur.

Dans la région de Villefranche, il y avait deux prêtres attachés au schisme : l'un s'appelait Plomb et l'autre Barthe. On désignait leurs partisans sous le nom de *Plombats* et de *Barthassiers*. Quand ils moururent, vers 1818, leurs adhérents s'attachèrent à l'abbé Régis.

L'abbé Dupuy était curé de Lunel, non loin de Villecomtal, quand la Révolution éclata. Vers le milieu de l'an 1793, il fut saisi et enfermé dans la prison de Rodez, attendant l'exil ou la mort. Une jeune fille de Lunel, Marie Pradels, forma le hardi projet de le délivrer. Elle applique une échelle aux murs de la prison, et, armée d'un soc de charrue, elle brise les barreaux de la fenêtre et fait évader le prisonnier. Hélas ! il eût été plus avantageux pour lui de mourir en prison ou sur l'échafaud. Après avoir passé les années de la Terreur au sein de sa paroisse, se cachant pour administrer les sacrements à ses ouailles, il eut le malheur d'adhérer au schisme, et presque toute sa paroisse le suivit dans sa révolte. En vain le nouvel évêque nomma-t-il un autre curé à Lunel ; Dupuy, aidé par un ex-capucin d'Aubin, nommé Lalande, éleva autel contre autel et maintint dans le schisme le gros de la paroisse. On trouve dans le registre rédigé par lui la mention de nombreux baptêmes administrés de sa main, non seulement pour la paroisse de Lunel, mais encore pour celles de Notre-Dame-d'Aynes, de Sénergues, de Saint-Félix-de-Lunel, de Golinhac. De toute cette région, les enfarinés accouraient vers lui pour recevoir les sacrements et même pour faire revalider leurs mariages. Il mourut vers le commencement de l'an 1812, et ses partisans allèrent grossir les troupeaux de Delhom et de Régis.

Une lettre de Fleury à Régis, du 2 février 1825, nous fait connaître un autre prêtre anti-concordataire ; c'est l'abbé Frayssinet, curé « désemparé » de Campouriez et réfugié au Poujol, dans sa propriété. Ce prêtre avait écrit à Fleury pour le louer des brochures schismatiques publiées par celui-ci et pour l'assurer qu'il partageait entièrement ses opinions. Fleury ayant demandé des renseignements sur ce prêtre à Régis, ce dernier répondit que Frayssinet du Poujol était « très instruit », avait été « premier bedeau de théologie », mais qu'il était fin, rusé et surtout « sophistique ». « Il se vante de tout savoir, mais il est de l'avis de tout le monde, et on ne peut compter sur lui ; il est concordatiste avec les concordatistes et catholique avec les catholiques. »

Une lettre de l'abbé Delhom mentionne encore un autre prêtre schismatique qui s'appelait Vayssettes.

Agissements des dissidents.

A l'origine, le nombre des adhérents du schisme était plus considérable. Il serait difficile de préciser, même approximativement. Après la première surprise, bon nombre d'entre eux, ayant été éclairés, rentrèrent dans le giron de l'Eglise. En 1818, l'abbé Delhom écrivait : « Les deux tiers sont concordatistes ; le troisième tiers anti-concordatiste, et la majorité de ce tiers est prête à se retourner. » Le tiers serait donc demeuré schismatique jusqu'en 1818, mais seulement dans les paroisses les plus contaminées ; il en restait beaucoup moins dans les autres, ou même point du tout dans bon nombre d'entre elles. La réunion des mille enfarinés, que le Préfet signalait à Villecomtal, en 1819, fait bien supposer que leur nombre, dans le diocèse, était encore considérable.

L'on sait que le principal chef du schisme fut Alexandre de Lauzières de Thémines, ancien évêque de Blois. Ce prélat grand seigneur était d'une résolution et d'une fermeté telles qu'il avait résisté aux injonctions du Gouvernement et avait tenu bon dans sa ville de Blois, durant le schisme constitutionnel ; il n'en sortit qu'à la dernière extrémité et dans sa chaise de poste, comme s'il s'agissait d'une visite de son diocèse. Réfugié en Savoie, puis en Espagne, enfin en Angleterre dès l'an 1810, il devint à cette époque le chef de la Petite Eglise. Il ne mourut qu'en 1823, en faisant aete de soumission au Saint-Siège.

Ce prélat, qui s'était révolté contre l'autorité du pape, s'était fait en quelque sorte pape lui-même. Il s'arrogeait des pouvoirs d'évêque universel, depuis qu'il était resté le seul survivant des évêques schismatiques réfugiés à Londres, dès l'an 1818.

C'était la folle aberration de l'orgueil. Thémines, en cette qualité, s'occupa des schismatiques du Rouergue et leur écrivit pour les fortifier dans la résistance. Dans ses lettres il disait qu'il ne s'était pas donné de successeur, qu'il n'avait ordonné aucun prêtre depuis la Révolution et qu'il ne laissait que quelques prêtres âgés et infirmes.

D'après une lettre de l'abbé Delhom, de Béthisy, ancien évêque d'Uzès, aurait été chargé *solidairement* du diocèse de Rodez. Celui-ci s'arrogeait une autorité au moins aussi étendue que celle de Thémines. Il écrivait, l'an 1806 : « Au nom de l'église gallicane, j'autorise tous les prêtres orthodoxes (anti-concordataires) à exercer toute juridiction spirituelle dans quelque part du globe qu'ils soient déportés.

L'abbé de Mérinville, grand-vicaire de Thémines, déploya beaucoup de zèle et d'activité pour soutenir dans la résistance les prêtres et les fidèles du Rouergue attachés au schisme. Lorsque Régis, le dernier des prêtres schismatiques du Rouergue, fut mort, l'an 1835, les enfarinés s'adressèrent à l'abbé de Mérinville et le supplièrent de leur accorder un prêtre pour les diriger et leur administrer les sacrements. Celui-ci leur répondit qu'il lui était impossible d'accéder à leur demande et que l'évêque défunt n'avait ordonné aucun prêtre. Il se contenta de leur communiquer l'adresse de quelques prêtres, vieux survivants du schisme, épars dans divers diocèses. Ces prêtres étaient au nombre de six, savoir : deux à Fontenay-le-Comte (Vendée), deux à Vendôme (Loir-et-Cher), un à Saint-Denis-sur-Loire (Loir-et-Cher), un à Rouen.

D'autre part, à la mort de l'abbé Régis, Denis Albespy, de Saulodes, paroisse de Ségonzac, héritier de l'abbé Delhom, écrivit, au nom de ses amis, à l'abbé de Mérinville, pour lui demander des instructions. Celui-ci lui répondit :

— Vous n'êtes plus ni d'Apollon ni de Céphas ; les divisions sont terminées ; unissez-vous, soutenez-vous dans le bon combat.

Dès ce moment les enfarinés des divers partis se groupèrent en un seul. Leur centre de réunion fut fixé à Villecomtal, dans la maison Malrieu, située à une extrémité de la localité : c'est la gendarmerie actuelle. Là les fidèles se rassemblaient de tous les côtés, les dimanches et les fêtes, même à celles dont l'obligation avait été supprimée par le Concordat auquel les enfarinés refusaient de se soumettre. Ils lisaient les prières de la messe en français, puis un sujet de méditation, ordinairement dans Médaille. Ils priaient pour leurs frères défunts, récitaient le rosaire, psalmodiaient vêpres et complies en latin. Autour d'eux on faisait courir le bruit qu'ils célébraient la messe, sans prêtre. Mais ils s'en défendaient vivement, disant qu'ils se bornaient à réciter les prières de la messe. Ils usaient d'eau bénite qui provenait de leurs prêtres défunts ; ils en conservaient précieusement une provision.

Pauvres ouailles égarées loin de la bergerie par des pasteurs aveuglés ! Le cœur est rempli de compassion pour ces bonnes âmes, si ferventes et si sincères dans leur erreur.

Soumission des dissidents de Notre-Dame d'Aynès.

Jusqu'à cette époque, il n'y avait pas eu de conversions collectives, parmi les enfarinés, mais seulement des retours isolés, dans chacune des paroisses contaminees. L'heure des nombreuses conversions sonna enfin, bien que tardivement.

L'an 1840, la paroisse de Notre-Dame d'Aynès, qui alors comprenait Saint-Sulpice et Pomiès dans son territoire, avait pour vicaire-régent l'abbé Servières (oncle de celui qui écrit ces lignes). Pomiès comptait deux excellentes familles, les Blanadet et les Barbès, qui étaient les soutiens du schisme. Presque toutes les autres familles comptaient quelques membres parmi les enfarinés. L'abbé Servières allait souvent visiter la famille Blanadet, où il était accueilli avec beaucoup d'égards, et il pressait vivement le chef de la maison de rentrer dans le bercail. Il était aidé dans cet apostolat par la mère Blanadet ellemême, qui désirait opérer son retour, mais qui en était empêchée par son mari. Blanadet était près de se rendre ; il hésitait cependant ; il lui restait quelques doutes.

— Mais, disait-il à l'abbé Servières, Mgr l'Evêque est-il bien en communion avec le Saint-Siège ?

— Eh ! pourquoi, dit le prêtre, ne vous en assureriez-vous pas vous-même ?

— Eh bien ! je me rendrai à Rodez, conclut Blanadet, et je saurai ce qui en est.

Blanadet était regardé comme le chef des sectateurs de la Petite Eglise, avec Lassale, d'une paroisse voisine, Saint-Projet dans le diocèse de Saint-Flour. L'abbé, de concert avec le curé de Saint-Projet, obtient le même succès auprès de Lassale. Les deux chefs du parti consentent à faire le voyage de Rodez avec les deux prêtres. C'était au commencement de l'an 1840.

L'évêque Pierre Giraud, plus tard cardinal de Cambrai, était un homme de Dieu, à l'extérieur plein de majesté ; sa physionomie belle et douce, son accueil aimable et plein de bonté gagnaient les cœurs. Les deux pèlerins furent aussitôt conquis par le charme de son entretien.

Voici la relation que l'abbé Servières adressa à l'évêque, pour lui faire connaître les résultats de l'audience épiscopale et de la démarche des deux enfarinés.

« Ces deux chefs de parti, charmés des réponses et des raisons que Votre Grandeur a bien voulu leur donner, et ne pouvant plus fermer les yeux à la vérité, sont sortis de l'Evêché, remplis de joie et de consolation. Après un tel succès, il était bien juste d'aller rendre grâces au Dieu des miséricordes. Ces bonnes gens nous ont suivi à la cathédrale et y ont prié avec une piété et une ferveur difficiles à dépeindre. Ils montraient d'autant plus de vénération et de respect pour le lieu saint, qu'ils n'avaient pas eu le bonheur de voir d'église depuis bien des années (40 ans environ). Ils étaient heureux.

» Cependant il manquait encore quelque chose à leur conviction ; ils voulaient entièrement dissiper leurs doutes. Surtout, ils voulaient avoir de bonnes réponses à donner aux partisans de leur secte. Il fallait aller trouver M. Guiral (schismatique nouvellement converti) récemment arrivé de Rome. M. le curé de Saint-Projet reprit le chemin de sa paroisse et je pris, avec nos deux convertis, celui de la Montagne. J'étais obligé de rentrer à Notre-Dame d'Aynès le samedi. Pour cela, il fallait voyager la nuit, et par un temps si froid qu'on avait peine à y tenir. Mais rien n'était capable d'arrêter nos fervents convertis. Ils me disaient souvent, en chemin : Nous souffrons beaucoup et rarement nous avons tant souffert ; mais nous entreprendrions, s'il était nécessaire, des voyages encore plus longs et plus pénibles, pour nous assurer de la vérité. J'étais édifié de tant de religion, de tant de foi. Que je serais heureux, disais-je en moi-même, si je trouvais dans tous mes paroissiens un désir aussi sincère de se sauver !

» Enfin nous arrivons à Crozilhac ; nous voyons M. Guiral. C'était bien l'homme que Votre Grandeur nous avait dépeint. Il s'empresse de nous raconter son voyage à Rome. Il nous fait part de tout ce qu'il y a vu, de tout ce qu'on lui a dit; il nous montre toutes les pièces munies des sceaux de la cour romaine. Comme il est content, comme il est heureux depuis son retour! Il engage ceux qui viennent le trouver à suivre son exemple, à rentrer dans le sein de l'Eglise. Son langage est si vrai, si naïf et si touchant, que je suis forcé, comme je l'avais fait à Rodez, de mêler mes larmes à celles de ces deux hommes fortunés qui pleuraient de joie. Ils se plaignent qu'on les a trompés; mais aujourd'hui ils sont pleinement convaincus, ils voient la vérité, ils l'embrassent avec amour et la suivent.

» Nous repartons pour Notre-Dame. Arrivés dans la paroisse, au moment où nous allons nous séparer, ils veulent m'embrasser et me promettent que, le lendemain, jour de dimanche, ils iront à la messe. Celui de Saint-Projet a tenu sa promesse, car M. le curé vient de m'écrire que son paroissien est un chrétien non seulement de nom, mais de fait. Celui de notre paroisse n'a pas manqué davantage à sa parole. Il envoya sa femme avec les deux plus âgés de ses enfants à la première messe, et il vint lui-même à la grand'messe, avec les trois plus jeunes. Je les ai déjà confessés tous plusieurs fois ; ils sont bien instruits de la religion ; ils édifient déjà toute la paroisse par leur bonne conduite et leur assiduité aux offices de l'église, et je ne doute pas qu'ils ne continuent à le faire dans la suite.

» Les autres *illuminés* des environs sont un peu ébranlés ; mais ils ne se sont pas encore rendus. Nous avons la douce espérance que le Dieu de toute bonté leur ouvrira les yeux et qu'ils ne tarderont pas à se soumettre à leur pasteur légitime. Fasse le ciel que tous les membres de la Petite Eglise connaissent les belles démarches que viennent de faire nos nouveaux convertis, et surtout qu'il les imitent ! »

Lorsque Blanadet arriva à sa maison, à l'heure du souper, il se mit à table ; mais l'émotion lui coupa la parole. Ce ne fut qu'après les Grâces qu'il put parler et donner ses ordres pour la messe du lendemain. Quelques jours après, le plus jeune de ses enfants fut rebaptisé sous condition, dans l'église de Notre-Dame d'Aynès. Les cinq autres avaient été déjà baptisés par des prêtres de la Petite Eglise. Cette conversion eut du retentissement ; elle fut suivie de plusieurs autres.

Soumission des dissidents de la région de Villecomtal.

Tous les prêtres de la Petite-Église étant morts, dans la France entière, il fallait être volontairement aveugle pour persévérer dans une Eglise désormais sans chefs et sans vie. Incertains, inquiets, pressés par leur conscience, les derniers partisans du schisme se tournèrent vers Rome. Ils se concertèrent donc : Ecrivons au Pape, se dirent-ils, il ne nous trompera pas. Félix Costes, de Sénepjac, fut chargé, l'an 1850, de rédiger la lettre ; il exposait les prétextes qui, jusqu'à ce jour, avaient tenu les enfarinés éloignés des évêques français. Les dissidents demandaient d'être éclairés et s'engagaient à se soumettre à la décision du Saint-Père. La lettre fut couverte de nombreuses signatures ; les pétitionnaires, pour donner au Pape une marque de leur vénération, joignirent à l'envoi une somme d'argent, fruit d'une collecte pour le denier de Saint-Pierre, œuvre qui venait d'être établie par le clergé français.

Nous avons entre les mains le texte authentique de la réponse du pape Pie IX ; voici l'adresse traduite : « Aux honorables Félix Costes et autres signataires de la lettre collective à nous adressée. — A Sénepjac, par Villecomtal, Aveyron, — par Rodez en France. »

Le souverain Pontife répond : Que le pape Pie VII, par l'acte du Concordat, n'a rien statué de contraire aux actes de son prédécesseur concernant la France, — qu'il n'a jamais approuvé, mais au contraire condamné, les réclamations des évêques opposants, — qu'il a publiquement désapprouvé les *Articles organiques* décrétés à son insu par le Gouvernement ; — puis le pape Pie IX presse les signataires de reconnaître pour leur légitime évêque François Croizier, établi par lui ; à cette condition le Pape les reconnaîtra pour ses enfants ; ils auront part ainsi aux secours spirituels de l'Eglise et ils pourront opérer leur salut.

Ce bref est daté de Portici, près de Naples, où le Pape s'était réfugié, et du 10 mars 1850 ; le Saint-Père a signé de sa propre main.

Dans la réponse qu'ils adressèrent, le 20 mai 1850, au Souverain Pontife, les dissidents : 1o se soumettent sans réserve au Saint-Père ; 2o reconnaissent Mgr Croizier pour leur évêque légitime ; 3o reconnaissent aussi les pasteurs établis par cet évêque ; 4o protestent contre les articles organiques que Rome n'a pas approuvés (1).

Cet acte solennel ramena à l'unité la plupart des schismatiques du Rouergue, plus de deux cents.

Les dissidents de la paroisse de Fijaguet de Bozouls suivirent le mouvement, peu après. Ils étaient encore au nombre de

(1) La traduction française du bref du souverain Pontife, ainsi que la réponse des dissidents, se trouvent dans les œuvres de Mgr Pie, évêque de Poitiers, 6e édit. t. I, p. 408 et suiv.

vingt-six. Déjà, en 1847, une famille entière avait opéré son retour ; les enfants de cette famille avaient reçu, cette année, le baptême sous condition, selon l'usage. L'an 1851, les jeunes filles de plusieurs de ces familles dissidentes, invitées et encouragées par le curé, résolurent d'assister aux offices de la paroisse. Elles se concertent et, le dimanche, se revêtent de leurs habits de fête pour se rendre à la messe. Les parents leur demandent quel est leur dessein :

— Nous n'avons jamais assisté à la messe et aux beaux offices de la paroisse ; nous voulons aller les voir ; il en est bien temps, à notre âge.

Les parents eurent beau récriminer ; les enfants, comme il arrive toujours, finirent par l'emporter ; les paroissiens les virent avec étonnement assister à la messe où elles se montrèrent émerveillées et où elles donnèrent les marques de la plus vive piété. A leur retour, elles surent si bien plaider la cause qui avait gagné leur cœur, que, à leur prière, les dissidents se réunirent, et gémissant de se voir isolés et sans pasteur, ils se dirent :

— Nous sommes probablement dans

l'erreur ; rendons-nous tous ensemble, dimanche, à la messe de M. le curé.

Et, le jour de Pâques, paroissiens et pasteur furent fort étonnés de voir arriver à l'église un groupe nombreux de ces dissidents. Le curé veut adresser une allocution aux nouveaux venus ; l'émotion lui coupe la parole ; il fond en larmes ; l'attendrissement gagne l'assistance tout entière qui mêle ses pleurs à ceux du pasteur. La réconciliation était faite. Les dissidents abjurèrent leurs erreurs, se confessèrent, communièrent ; ceux qui restaient, entraînés par l'exemple, firent aussi leur soumission. Ils furent désormais l'édification de la paroisse ; et le curé assurait qu'ils devinrent ses meilleurs paroissiens.

Les enfants de ces familles furent baptisés sous condition, et les mariages contractés sous le schisme furent revalidés avant la fin du mois de mars de l'an 1851. Plusieurs enfarinés de Saint-Geniez-des-Ers, paroisse voisine, se rendirent, gagnés par leurs anciens coréligionnaires.

Fin du schisme en Rouergue.

A la suite de ces soumissions collectives, il ne resta plus que quelques dissidents épars ; la mort eut bientôt éclairci leurs rangs ; la plupart d'entre ces obstinés moururent dans leur erreur. Leurs prêtres, avant de mourir, leur avaient donné pour mot d'ordre de ne pas entrer en discussion avec les concordataires, d'éviter avec eux toute conversation sur le sujet religieux et même de fuir autant que possible leur société.

Le faubourg entier de Saint-Cyrice, à Rodez, qui avait embrassé le schisme, à l'exception de trois maisons, était rentré dans le bercail, grâce aux nombreux apôtres de la vérité, qui se trouvaient dans la ville.

A Saint-Pierre de Bessuéjouls, une famille, qui avait persévéré dans le schisme, opéra son retour en 1872.

A Mousset, près de Villecomtal, on comptait encore cinq enfarinés en 1874. Deux d'entre eux seulement ont fait leur soumission au moment de la mort ; l'un, une vieille fille, qui n'entendait rien aux questions du schisme mais qui était très obstinée, fut convertie par la Sainte Vierge à cause de son assiduité à réciter le rosaire. Les autres furent portés au cimetière par leurs amis ; le cercueil fut déposé un moment devant l'église dont la porte était fermée ; les dissidents survivants récitèrent quelques prières, aspergèrent le corps d'eau bénite léguée par l'abbé Régis et l'ensevelirent dans la partie non bénie du cimetière.

Il était plus difficile qu'on ne peut le penser de ramener ces égarés. Le dernier survivant d'entre eux, mort dans le schisme, à Mousset, en 1896, avait une propriété située dans une autre paroisse. Le curé de cette paroisse, dans l'intention de ramener ce malheureux, lia connaissance et entretint des relations cordiales avec lui, évitant cependant de porter la conversation sur le sujet délicat. Un jour qn'il s'était dirigé du côté de Mousset, il se résolut à faire une visite à l'enfariné et à traiter la question importante, espérant, par ses bonnes relations avec lui, recevoir bon accueil et le gagner. L'enfariné le reçoit en effet avec un cordial empressement et l'invite à se rafraîchir. La conversation s'engage amicale et joyeuse. L'enfariné se montrait satisfait et riant. Le curé, heureux de le voir si bien préparé, arrive à la question brûlante. Aussitôt l'enfariné se rembrunit : ses paroles deviennent vives, ses gestes saccadés, ses yeux égarés ; en un moment il est transformé en énergumène. Le prêtre, surpris et désarçonné, se hâte de couper court et de se sauver : il se demandait plus tard s'il n'y avait pas eu une influence diabolique.

Le dernier enfariné de Pomiès est rentré dans le bercail vers 1878.

Les dissidents étaient très fervents et très exacts dans leurs pratiques religieuses, mais très pointilleux dans la manière d'accomplir leurs jeûnes et les autres observances; ils avaient quelque chose du pharisien. Ils étaient très sévères dans leurs décisions sur les cas de morale et d'une exigeance outrée pour la préparation à la réception des sacrements. C'était un reste des doctrines jansénistes qui avaient exercé tant d'influence dans le Rouergue, au siècle précédent. Cette influence, jointe à celle du gallicanisme, avait facilité les progrès du schisme de la Petite Eglise dans ce pays.

Conclusion.

De l'histoire si douloureuse de ce schisme se dégage une leçon qui a son opportunité dans notre temps, aussi bien que dans le siècle passé. Pasteurs et fidèles sont tombés dans les abîmes des plus étranges erreurs, toutes les fois qu'ils ont refusé d'écouter la voix du Saint-Siège. En aucun temps, définition n'a été aussi opportune que celle de l'infaillibilité du Pape. Plus que jamais les fidèles doivent se diriger par les instructions pontificales, même dans les questions qui ne leur paraissent pas être de la foi, s'ils ne veulent être vaincus dans le combat mené contre la religion, le plus redoutable peut-être que l'impiété ait jamais livré contre l'Eglise.

APPENDICE

L'abbé Malrieu et l'évêque Colbert.

L'abbé Pierre Malrieu, né en 1740 à Cassagnes-Comtaux, était supérieur du séminaire de Castres, et n'était âgé que de vingt-trois ans, lorsque l'évêque de Rodez, de Grimaldi d'Antibes, l'appela pour professer la théologie à Rodez. Il fut nommé député à l'assemblée des États généraux, en 1789, en même temps que son évêque, Seignelai de Colbert. Nous avons raconté, dans l'*Histoire de l'Église du Rouergue*, comment son intervention arrêta ce prélat dans son adhésion à la Constitution civile du clergé. Reprenons ici ce récit.

L'évêque de Rodez, homme très pieux mais peu éclairé sur des questions non encore bien définies, se rangea, dans ses votes, du côté du tiers-état, de la gauche, comme l'on dirait de nos jours. Vint enfin le moment où l'on proposa de jurer fidélité à la Constitution civile du clergé : le 4 janvier 1791 était le dernier terme accordé pour satisfaire au serment. Entraîné dans la pente glissante des concessions à la Révolution, l'évêque de Rodez était résolu à prêter un serment dont il ne voyait pas toute la portée, mais qui était schismatique. Déjà il préparait un mandement pour justifier aux yeux de ses diocésains un acte aussi grave ; il se disposait même à partir pour son diocèse afin d'imposer cette doctrine à son clergé.

L'abbé Malrieu, homme aussi ferme qu'éclairé, apprenant cette nouvelle, court à à l'hôtel où logeait le prélat ; il était dix heures du soir ; mais le vaillant abbé n'hésite pas, et se présente, malgré l'heure avancée. Il frappe à coups redoublés ; enfin le concierge ouvre.

— Je demande à être introduit devant l'évêque de Rodez.

— Monseigneur est couché ; il doit partir de grand matin pour son diocèse ; je ne puis le déranger.

— Dites à Monseigneur qu'il faut que je l'entretienne à l'instant.

— Ce n'est pas possible ; il est trop tard ; vous ne pouvez être reçu.

— C'est pour une affaire d'une importance capitale ; il y a urgence extrême. Monseigneur serait plus tard fortement peiné s'il ne me voyait ce soir même. Prévenez-le ; il faut que je lui parle à l'instant même.

Son air imposant, son ton de voix impératif ne permettaient pas la réplique. Le prélat est prévenu et ordonne que l'on introduise l'abbé.

— Monseigneur, lui dit celui-ci *ex abrupto*, je viens d'apprendre que vous êtes décidé à prêter serment à la Constitution civile du clergé et que vous devez partir demain pour aller promulguer le schisme dans votre diocèse. Vous, le successeur de tant d'illustres évêques et le chef d'un clergé si saint, vous allez d'un coup obscurcir tant de gloire ! Ce beau diocèse qui de tout temps a donné à l'Église un clergé si renommé par ses vertus et sa doctrine, des maisons religieuses si nombreuses et si florissantes, un peuple si fidèle, ce beau diocèse aura été perdu par vous, ravi à Jésus-Christ par vous, Monseigneur, par un Colbert ! Que faites-vous, Monseigneur, et où allez-vous ? Cette devise dont la ville de Rodez se montre fière à si juste titre : *Ruthena fidelis Deo et Regi*, Rodez fidèle à Dieu et au roi, vous allez donc la renier ! Y pensez-vous, Monseigneur ? Monseigneur, pardonnez à un prêtre, que vous honorez de votre confiance, sa franchise ; ne soyez pas offensé d'un langage si véhément ; c'est le cri arraché à ma conscience. Ne dédaignez pas la parole de l'un de vos prêtres fidèles qui se fait en ce moment l'écho de l'ange de l'église de Rodez. — Monseigneur, levez-vous et partez pour l'Angleterre !

A cette apostrophe foudroyante, mais qui n'était que trop justifiée, le bon évêque, docile à sa conscience, mieux éclairée, ne répond rien d'abord ; il enfonce la tête dans sa couche. Mais, un moment après, il se lève, donne des ordres pour que le départ ait lieu avant le jour. A trois heures du matin, il se met en route pour l'Angleterre, sa patrie.

Comment un prélat aussi pieux que Colbert avait-il pu se déterminer à voter pour le schisme ?

Cette question, qui vient à l'esprit de tous, fut adressée plus tard à l'abbé Malrieu par le vénérable docteur Marion :

— Ce fut le résultat de l'influence d'un mauvais drôle de secrétaire, fut-il répondu.

Si l'abbé Malrieu conseilla à l'évêque de partir à l'instant pour l'Angleterre, si celui-ci s'exécuta en effet dès une heure si matinale, c'est que ce jour-là même, 4 janvier 1791, était le terme fixé pour prêter le serment schismatique, et que Colbert, décidé à ne point jurer, voulait éviter les obsessions, les récriminations des partisans du schisme auxquels il avait donné sa parole et qui n'auraient pas manqué de lui jeter à la face ses propos, ses promesses, ses démarches. La fuite était le meilleur moyen d'éviter des scènes fort pénibles pour lui.

On se demandera comment cet évêque a pu changer d'avis si subitement sur une question si grave, et comment il a pu être convaincu et comme foudroyé, à l'instar de Paul sur le chemin de Damas, par une simple objurgation de l'abbé qui n'aborda pas même la discussion motivée d'une thèse si importante. Or ce n'était pas le moment de la discussion ; car il est bien évident que Colbert avait maintes fois entendu de la bouche de ses collègues l'exposition des motifs qui entraînèrent la résistance de la presque unanimité de l'épiscopat. Si dès le principe il n'avait pas su comprendre ou apprécier la légitimité de ces motifs, la question dans ses débuts ayant été obscure et d'un ordre assez nouveau, il est bien certain que la conscience de ce prélat pieux avait dû concevoir plus tard des doutes inquiétants et le jeter dans l'incertitude. L'apostrophe de l'abbé Malrieu n'a fait que trancher l'indécision d'une conscience inquiète. L'étonnement de voir cet évêque, de pieuse réputation, à la veille de tomber dans le schisme constitutionnel, disparaît quand on songe qu'il se précipita, tête baissée, dans le schisme de la Petite-Église et même qu'il y persévéra, ne voulant jamais reconnaître son erreur, si ce n'est peut-être à la fin, comme nous l'avons vu. Ce qui montre que l'esprit du prélat n'était pas à la hauteur de son cœur.

Il est vrai que l'on a trouvé des lettres de l'évêque, datées de Paris, des mois de février et de mars 1791 ; quelques-uns en ont conclu qu'il n'était pas encore parti pour Londres, au commencement de janvier, et que cette circonstance jetait du discrédit sur le récit oral qui, seul, nous a fait connaître l'inclination du prélat pour le schisme constitutionnel. Or Colbert n'a fait dans son pays natal qu'un séjour de courte durée, plus court encore que l'espace de temps qui reste entre le 4 janvier, date de son départ et le 15 février, date de sa lettre. S'il avait en effet un motif pressant de partir pour l'Angleterre, le 4 janvier, ce motif n'exigeait que quelques jours d'absence ; bien plus, la tournure des événements, s'ajoutant à de multiples intérêts, réclamait le retour imminent du prélat à Paris.

Enfin la belle lettre qu'il écrivit aux membres du Directoire de Rodez, et que nous avons mentionnée à la p. 17, a fait dire à quelques autres que l'auteur d'un écrit si plein de dignité, de calme énergie et de protestations des plus éloquentes contre les doctrines constitutionnelles, ne pouvait avoir été si près de tomber dans le schisme, loin de là.

— L'énergie qui domine dans cette lettre ferait soupçonner que l'abbé Malrieu aurait bien pu y avoir mis la main, du moins pour le fond de la doctrine, pure supposition il est vrai, mais rendue plausible par le fait que l'intervention de l'abbé avait ramené le prélat. Ensuite, la conviction ardente exprimée par Colbert dans cet écrit n'indique nullement qu'il n'eût jamais été favorable au schisme ; le ton d'un nouveau converti est toujours plus enthousiaste. L'évêque, durant le délai d'un mois et demi, avait eu le temps de refaire à fond sa conviction ; cette conviction il l'exprime avec d'autant plus d'ardeur qu'il avait paru auparavant plus suspect. Et malheureusement, dans cette lettre si belle, nous découvrons, comme nous l'avons montré, p. 17, des propositions dont le sens, non suffisamment défini d'abord, fut plus tard déterminé en faveur du schisme anti-concordataire. Enfin la chaleur et les qualités de style de la lettre ne font que confirmer la réputation littéraire que l'évêque s'était acquise et qui est célébrée par les historiens de ce temps.

Les récits qui précèdent ont été recueillis de la bouche du docteur Marion, vénérable vieillard si avantageusement connu à Rodez, il y a un demi-siècle, ainsi que de celle de M. l'abbé Boularot, curé de La

Roque-Bouillac de 1824 à 1870, puis retiré à Rodez. Tous deux avaient connu particulièrement l'abbé Malrieu. Le docteur Viallet, lui aussi, donnait la même version sur ces événements. Un vétéran du sacerdoce m'a affirmé que telle était l'opinion commune dans le monde ecclésiastique, quand il faisait ses études, vers 1840. Clausel de Coussergues, dans une lettre où il recommandait l'abbé Malrieu à l'évêque Cousin de Grainville, en 1802, rapportait le témoignage suivant de l'évêque de Clermont, qui l'avait particulièrement connu à l'Assemblée : « Le diocèse de Rodez a les plus grandes obligations à M. Malrieu pour la conservation de la foi. » Allusion évidente aux faits racontés ci-dessus.

L'abbé Malrieu avait une haute taille et une grosse tête ; ses yeux petits et pétillants étaient encadrés par de très longs cils, et lorsqu'il les ouvrait avec fixité sur quelqu'un, leur regard était terrifiant. Son nez formidable, prodigieusement long, sa bouche largement fendue, ses grosses lèvres, en un mot tout en lui avait une expression impérieuse, obsédante.

Vers la fin de son mandat de député à

l'Assemblée Constituante, il voit un jour la lie de la populace envahir les tribunes, les couloirs et même la salle des séances, Hommes et femmes, armés de poignards et poussant des vociférations sanguinaires, s'ébranlaient déjà pour se précipiter sur les représentants qui tremblaient sur leurs sièges et se demandaient comment ils pourraient se sauver. Soudain l'abbé Malrieu se lève, se dirige vers la foule grossissante et se fraie un passage. Une mégère, au premier rang, l'apostrophe ainsi :

— Citoyen, on t'a foulu la calotte à bas ; on t'y foutra bientôt la tête.

L'abbé Malrieu, un instant arrêté pour écouter ce discours, répond en saluant poliment :

— Merci, Madame.

Puis il s'avance résolument, en écartant avec dignité la populace qui le hue. Tout cède devant ce prêtre de taille majestueuse, dont la physionomie et le regard sont si imposants ; les huées se calment peu à peu, les autres députés le suivent ; la salle est ainsi évacuée sans encombre, grâce à l'initiative de l'abbé Malrieu.

La tourmente révolutionnaire s'étant déchaînée avec rage, l'abbé Malrieu franchit les Pyrénées et alla se fixer à Séville. L'archevêque, avant de l'admettre à la célébration de la sainte messe, lui fit subir un examen.

— Monsieur l'abbé, lui dit-il, combien de parties y a-t-il dans le *Pater* ?

— Monseigneur, je ne sais pas.

— Comment ! Vous ignorez cela ?

— Monseigneur, combien de boutons y a-t-il à votre soutane ?

— Je ne sais, je ne les ai pas comptés.

La glace fut alors rompue ; bientôt l'archevêque eut l'occasion d'apprécier la valeur de cet homme : il en fit même son conseiller intime.

De retour en France après la pacification, l'abbé Malrieu, d'abord nommé curé de Cassagnes-Comtaux, fut chargé de la direction du grand séminaire de Rodez en qualité de supérieur, l'an 1813.

Lors de la première invasion, le maréchal Soult avait choisi la ville de Rodez pour en faire une petite place d'armes ; il avait l'intention de s'y fortifier contre les opérations des Anglais et des Espagnols. Cherchant un logement pour ses hommes, il députe le général Martin chez le supérieur du séminaire pour inviter celui-ci à évacuer l'établissement, qui deviendra la caserne provisoire de la troupe. Le général se présente, salue poliment le supérieur et lui donne communication des ordres du maréchal. L'abbé Malrieu prend alors son air le plus terrible, ce qui n'est pas peu dire, et, d'une voix de stentor :

— Général, répondit-il, dites à votre chef que je suis chez moi et que j'y reste !

Le général avoua plus tard que jamais il n'avait vu physionomie plus terrible et que jamais voix humaine ne l'avait subjugué comme celle-là. Il se retira sans mot dire pour aller rendre compte de son message. La fermeté de l'abbé triompha du maréchal victorieux des Anglais ; il demeura en possession de la place et se borna à accepter le dépôt des provisions de farine du corps d'armée.

L'abbé Malrieu, durant la dernière partie de sa vie, était boîteux et s'aidait d'une canne ; il était affligé d'infirmités. Quand il était obligé de garder le lit, il était plus aimable que jamais et devenait le plus facétieux des hommes. Les séminaristes se groupaient autour de sa couche ; on ne pouvait les en arracher ; il les charmait, les amusait et en même temps les édifiait profondément. Ceux-ci faisaient presque des vœux pour qu'il retombât dans la maladie.

L'évêque de Rodez, Toussaint de Ramond-Lalande, ayant confié la direction du séminaire à la compagnie de Saint-Sulpice, en 1823, l'abbé Malrieu fut nommé chanoine titulaire de la cathédrale et vicaire général honoraire, la même année. Il mourut saintement à Rodez, l'année suivante.

TABLE DES MATIÈRES

Pages

350-5-04 — Rodez, imprimerie E. Carrère.

www.ingramcontent.com/pod-product-compliance
Ingram Content Group UK Ltd.
Pitfield, Milton Keynes, MK11 3LW, UK
UKHW021104220726
13924UKWH00004B/1506